100가지 사진으로 보는
동물의 신비

벤 호어 지음
다니엘 롱, 안젤라 리자, 다니엘라 테라치니 그림
김미선 옮김
이정모 감수

책과함께 어린이

목차

수염고래	4	순록	58
범고래	6	가오리	60
코끼리	8	리카온	62
악어	10	대왕판다	64
상어	12	늑대	66
기린	14	고릴라	68
코뿔소	16	우유뱀	70
하마	18	물범	72
해파리	20	양	74
코브라	22	수달과 해달	76
호랑이	24	바다이구아나	78
돌고래	26	오랑우탄	80
사자	28	울버린	82
바다코끼리	30	홍학	84
공작	32	문어	86
낙타	34	너구리판다	88
말코손바닥사슴	36	비버	90
황새치	38	바다거북	92
북극곰	40	꿩	94
타조	42	펭귄	96
퓨마	44	호저	98
얼룩말	46	개코원숭이	100
캥거루	48	천산갑	102
눈표범	50	여우원숭이	104
보아	52	독수리	106
치타	54	라쿤	108
개미핥기	56	박쥐	110

스컹크	112
연어	114
앵무새	116
쿼카	118
다람쥐원숭이	120
비스카차	122
파랑비늘돔	124
코알라	126
부엉이	128
나무늘보	130
여우	132
토끼	134
키위	136
오리너구리	138
카멜레온	140
독도마뱀	142
미어캣	144
피라냐	146
큰부리새	148
육지거북	150
무족영원	152
날치	154
도마뱀붙이	156
해룡	158
바다오리	160
독사고기	162
고슴도치	164
불가사리	166
아홀로틀	168
늘보로리스	170
두꺼비	172
나방	174
두더지	176
벌새	178
전갈	180
갯가재	182
나비	184
물총새	186
갯민숭달팽이	188
흰동가리	190
잠자리	192
개구리	194
메뚜기	196
사마귀	198
게	200
딱정벌레	202
개미	204
노린재	206
말벌	208
거미	210
생명의 나무	212
용어 풀이	214
그림으로 보는 동물	216
사진 출처	224

수염고래

어떤 혹등고래는 물고기 떼 주위에 거품 그물을 만들어
한데 몰아 놓고는, 한입에 꿀꺽 삼킵니다.

혹등고래
(전 세계)

푸른 바다 저 먼 곳에, 고래들은 물속에서 헤엄치며 평생을 보내요. 하지만 포유류이기 때문에 숨을 쉬러 물 위로 올라와야 하지요. 숨을 잘 쉴 수 있도록 콧구멍이 머리 위로 올라왔어요. 숨을 쉴 때마다 숨구멍 바깥으로 뿜어져 나오는 물은 집채만큼 높이 올라갈 수 있답니다.

혹등고래가 속한 수염고래 종류는 이빨이 없어요. 그 대신 수염이라 부르는 길고 뻣뻣한 털이 있어서 마치 부엌에서 쓰는 체처럼 작은 물고기와 새우를 걸러 먹을 수 있답니다. 하지만 혹등고래는 몸집이 아무리 커도 새끼는 젖을 먹어야 해요. 갓 태어난 새끼는 욕조 하나를 채울 정도로 많은 젖을 매일 먹는답니다!

범고래

범고래(전 세계)

여러분은 시도조차 못해 보겠지만,
범고래는 절반쯤 자면서 헤엄을 칠 수 있어요!
뇌의 한쪽이 자고 있는 동안 다른 한쪽은 깨어 있지요.

범고래는 이름만 들으면 고래라고 생각하기 쉬워요. 하지만 사실 고래가 아니라, 거대한 흑백무늬 돌고래랍니다. 헷갈리기는 하지요! 속도도 빠른 이 육식 돌고래는 무리를 지어 함께 살아요. 대부분의 무리는 물고기만 잡아요. 하지만 물개와 고래, 다른 돌고래를 잡는 무리도 있답니다. 어떤 무리는 둥둥 떠다니는 얼음 위로 파도를 일으켜 그 위에 있던 물개를 바다로 떨어뜨려요.

범고래는 매우 수다스러운 동물이에요. 휘파람 소리와 찰칵 하는 소리를 내어 서로 이야기를 나누지요. 바다에 있는 위치에 따라 소리도 다르게 내요. 해양 공원에 사는 범고래는 "안녕", "잘 가"처럼 인간의 말을 흉내 내는 법을 배웠어요. 하지만 많은 사람들이 범고래는 동물원에 있어서는 안 되고 바다로 돌아가야 한다고 생각해요.

코끼리

코끼리는 거울을 보고 자신을 알아볼 수 있어요.
동물들이 흔히 할 수 있는 행동은 아니지요!

코끼리는 기억력이 아주 좋다고 알려져 있어요. 그리고 그 말은 사실이랍니다! 몇 년 동안 만나지 못했던 다른 코끼리의 얼굴을 기억할 수 있어요. 우리가 하는 것처럼 코끼리들도 구부러진 코로 냄새를 맡고 숨을 쉬어요. 하지만 우리는 코로 음식을 집어 올리거나 물을 마시고 몸을 긁고 껴안지는 않지요. 코끼리는 이 모든 것을 코로 한답니다. 코로 물을 마구 뿌려대기도 해요. 더울 때 코를 이용해 등에 물을 뿌리는 것만큼 시원한 것은 없답니다.

아프리카코끼리는 육지에 사는 동물 중 가장 무거워요. 게다가 앞니도 가장 크답니다. 이 앞니를 상아라고 해요! 코끼리 가족 중에서는 가장 큰 암컷이 대장이에요. 덩치가 커다란 엄마가 다른 코끼리들을 먹이와 물이 있는 곳으로 이끌어 줘요.

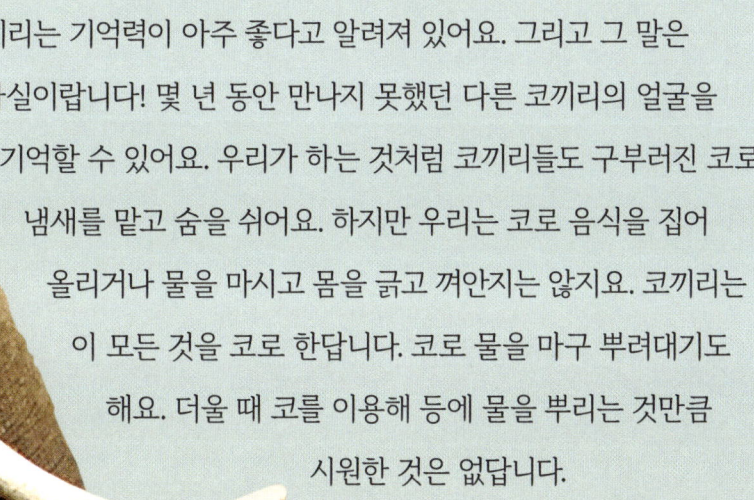

아프리카코끼리(아프리카)

악어

바다악어(동남아시아, 오스트레일리아)

과학자들은 어떤 악어가 100살 넘어서까지 살 수 있다고 생각해요. 그리고 성장이 멈추지 않는다고 해요. 몸집이 계속해서 커진답니다.

통나무가 둥둥 떠다니는 거 아니냐고요? 아니, 악어인가? 괜히 잘못 봤다가는 악어에게 한입에 꿀꺽 먹히는 수가 있어요! 악어는 진흙탕 속에 누워서 눈과 콧구멍만 보여 줘요. 동물이 물가에 아주 가까이 올 때까지 진득하게 기다리지요. 그러다가… 덥석! 악어는 물고기부터 물소까지 무엇이든 다 먹어 치워요. 악어가 먹이를 먹을 때 눈물을 흘리며 운다는 이야기가 있어요. 사람들은 꾸며 낸 이야기라고 생각해 왔지만, 우리는 그 말이 맞는다는 걸 알지요! 하지만 악어는 슬퍼서 우는 게 아니랍니다. 먹이를 물 때 눈물샘이 자극을 받아 눈물이 나오는 거예요.

바다악어는 파충류 중에 가장 크답니다. 생김새는 무서워도 매우 온순해요. 어미 악어는 새끼를 입속에 조심조심 넣고 다니지요.

큰귀상어(전 세계)

상어

상어를 다들 무시무시하다고들 하지만, 상어는 우리보다는 물고기를 훨씬 더 좋아해요. 사실 상어는 무서운 것보다는 흥미로운 것 쪽에 가까워요. 투명상어는 어른 손만 한데 어둠 속에서 빛을 낼 수 있답니다. 그런데 고래상어는 트럭만큼 큰데도 새우만큼 작은 먹이만 먹어요.

상어 중에 생김새가 가장 특이한 것은 귀상어예요. 눈과 콧구멍이 양쪽으로 길게 뻗어 있거든요! 상어는 머리를 양쪽으로 흔들며 먹이가 보내는 희미한 전기 신호를 느껴요. 먹이를 발견하면, 녀석은 단 한순간의 기회도 놓치지 않지요. 귀상어의 엄청나게 예리한 이빨이 순식간에 임무를 완료한답니다!

많은 상어들이 평생 동안 이빨을 수천 번 간다고 해요. 오래된 이빨이 빠지면 새로 나온 이빨이 앞으로 이동하지요.

기린

머리끝부터 발끝까지 6미터나 되는 기린은 세상에서 가장 키가 큰 동물이에요. 2층 방 창문 안으로 문제없이 고개를 쑥 내밀 수 있지요. 기린은 무엇이든 다 커요. 발은 커다란 접시만 하고, 거대한 심장은 인간의 것보다 40배나 더 크답니다. 기린은 다른 동물들이 살기에도 더할 나위 없이 크고 넉넉해요. 소등쪼기새는 기린의 털에 달라붙어서 진드기를 찾아내 잡아먹어요.

키가 커서 곤란한 점도 있어요. 물을 마실 때 다리를 양쪽으로 찢어지도록 벌려야 하고, 새끼를 낳을 때에도 서서 힘들게 낳아요. 갓 태어난 새끼 기린은 2미터 위에서 바닥으로 떨어져요.

기린(아프리카)

기린은 길고 가죽 같은 혀로 가시가 달린
아카시아나무의 잎을 훑어 먹어요.

코뿔소

코뿔소의 청력은 놀라울 정도로 좋아요.
컵 모양의 귀로 어떤 소리든 다 들을 수 있답니다.

코뿔소는 전 세계에 다섯 종류가 있는데, 어떤 것은 뿔이 하나고 또 어떤 것은 두 개랍니다. 안타깝게도 이 커다란 초식 동물은 뿔을 노리는 사냥꾼들의 표적이 되어 이제는 거의 멸종되기 직전이에요. 어떤 사람들은 코뿔소의 뿔을 약으로 쓸 수 있다고 믿지만, 그 뿔은 사람의 머리카락, 손톱과 같은 물질일 뿐이에요.

아프리카 사바나에서 풀을 뜯고 있던 흰코뿔소가 발견되었어요. 코뿔소는 엄청나게 많이 먹고 똥도 하루에 20킬로그램 넘게 눈답니다! 똥 냄새는 코뿔소마다 달라서, 똥 더미에서 나는 냄새로 다른 코뿔소들과 소통할 수 있어요.

흰코뿔소(남아프리카)

하마

여러분이 하마라면 진흙 웅덩이에 있는 것이 최고예요. 뜨거운 태양열을 식혀 주는 데 진흙 웅덩이만큼 좋은 곳이 없거든요. 하마의 영어 이름인 '히퍼파터머스 hippopotamus'는 고대 그리스어에서 왔는데 '강에 사는 말'이라는 뜻이랍니다. 하지만 물을 사랑하는 하마는 말보다는 고래나 돌고래가 더 가까운 친척이에요.

하마는 성질이 퍽 나빠요. 여러분이 하마를 귀찮게 하면 경고의 의미로 입을 쩍 벌려 엄니같이 생긴 앞니를 보여 주지요. 정말로 짜증나게 만들면 들이받을 거예요. 하마는 초식 동물이지만 아프리카에서 가장 위험한 동물 중 하나라고요! 선선한 밤이 되면 하마는 물 밖으로 나와 커다란 잔디 깎는 기계처럼 돌아다니며 풀을 우적우적 씹어 먹어요.

하마는 피부에서 분홍색의 걸쭉한 땀이 나와요.
땀은 햇빛을 막아 주는 선크림 역할을 하지요.

하마(아프리카)

태평양쐐기풀해파리
(동태평양)

해파리

해파리는 물살을 따라 바닷속을 유유히 떠다녀요. 물컹물컹한 몸통에는 뇌도, 심장도, 뼈도 없어요. 사실 거의 대부분이 물이랍니다. 맨 위에 둥그런 모양을 갓이라고 부르고 기다란 촉수가 국수처럼 흐느적거리며 달려 있어요. 이 촉수로 물고기나 플랑크톤을 쏠 수 있어요. 먹잇감을 잡으면, 촉수로 입이 숨어 있는 갓 안에 넣어요.

해파리는 바다 밑바닥에 달라붙어 삶을 시작합니다. 해파리가 수많은 새끼 해파리를 낳고, 이렇게 태어난 해파리는 둥둥 떠다니며 자라기 시작해요. 먹이가 풍부하면 해파리는 몇 배씩 빠르게 자라요. 이를 해파리의 대량 발생이라 부르는데, 해파리 수십억 마리가 한꺼번에 퍼질 수 있답니다!

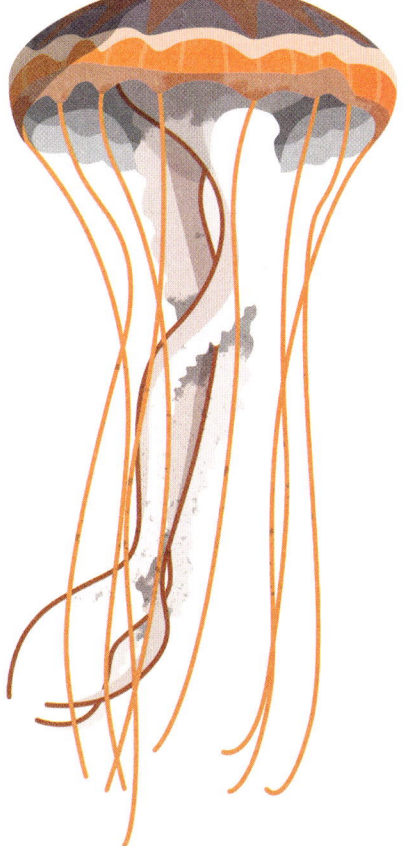

태평양쐐기풀해파리의 촉수 중에는 보아 뱀보다 더 긴 것도 있어요!

킹코브라(동남아시아)

코브라

킹코브라는 세계에서 몸길이가 가장 긴 독사예요. 어른 세 명의 키를 합한 것과 맞먹고, 한 번 물 때 나오는 독의 양이면 스무 명의 목숨을 앗아갈 수 있어요. 다행히 킹코브라가 가장 좋아하는 먹이는 다른 뱀이랍니다.

코브라는 힘이 엄청나게 세요. 보기보다 훨씬 강하지요. 몸의 앞쪽을 위로 꼿꼿이 세울 수 있어요. 그리고 동시에 갈비뼈를 펼쳐서 숨을 깊게 들이마시고는 목을 우산 손잡이 모양으로 구부리지요. 킹코브라는 최대 1.5미터까지 설 수 있답니다! 어떤 종교에서 전해져 내려오는 전설에서는 '나가'라는 코브라가 등장해요. 나가는 머리가 하나 이상이고 인간으로 변신할 수 있다고 해요.

모든 뱀이 쉬이익 소리를 낸다고들 생각하지만, 잘못 알려진 사실이에요. 킹코브라는 성난 개처럼 으르렁댄답니다!

다른 고양잇과 동물들과는 달리, 호랑이는 물을 좋아해요.
호랑이들은 헤엄도 무척 잘 치고 강과 호수에 누워
더위 식히기를 좋아하지요.

호랑이

호랑이가 높다란 나무들과 흔들리는 풀 사이를 돌아다니는 동안, 아름다운 줄무늬 털은 감쪽같이 사라져 보이지 않아요. 호랑이는 세계에서 가장 크고 강한 고양잇과 동물이랍니다. 사냥은 보통 밤에 혼자 해요. 줄무늬 털로 숨은 뒤에 사슴이나 물소가 지나가기만을 진득하게 기다리지요. 그러다 갑자기 튀어나와서 사냥감의 목을 물고 죽을 때까지 놓지 않아요. 하지만 사냥은 대부분 실패해요. 호랑이로 사는 건 쉽지 않은 일이에요.

호랑이는 남아시아 어디서든 찾아볼 수 있었어요. 하지만 사람들이 호랑이를 사냥하고 숲을 마구 베어 버리자, 멸종 위기에 처하고 말았지요. 오늘날 대부분의 호랑이들은 인도에 살아요. 힌두교에서는 '두르가'라는 여신이 때로 호랑이를 타고 모습을 드러내기도 해요.

호랑이
(동아시아, 남아시아,
동남아시아)

돌고래

돌고래는 바다에서 가장 커다란 뽐내기 동물이에요. 아주 영리하고 볼 때마다 거의 항상 놀기만 하는 것 같아요. 공중에 풀쩍 뛰어 오르거나, 배 옆에서 경주를 하는 모습도 종종 보여요. 돌고래들은 잡기 놀이를 좋아하고 코 위에 해초를 올리고 균형 잡기 놀이도 한답니다. 물속에서 커다란 공기 방울을 만들 때도 있어요. 재미로 하는 게 분명하군요!

큰돌고래는 서로 꼭 붙어 다녀요. 보통 두 마리에서 열다섯 마리까지 가족을 이루어 사는데, 어떤 돌고래가 아프거나 다치면 다른 돌고래들이 도와줘요. 돌고래들은 소리로 사냥해요. 딸깍딸깍 소리를 내면 메아리가 물체에 부딪혀 되돌아오는데, 이를 통해 주변에 무엇이 있는지 알아낸답니다.

큰돌고래(전 세계)

돌고래는 딸깍 소리를
1초에 1,000번 내서
물고기를 찾을 수 있어요.

수사자의 갈기는 자랄수록 더 커지고 색깔도 짙어져요.

암사자

수사자

사자

수많은 책과 영화에서 사자는 '야수의 왕'으로 등장해요. 고대 이집트에는 암사자 머리를 한 전사 여신이 있었어요. 그리고 가장 오래된 동굴 벽화 중 일부에도 사자가 등장하지요. 사자는 무리를 지어 살아요. 주로 암사자와 새끼 사자들이 함께 산답니다. 수사자도 한 마리에서 세 마리까지는 무리에 들어가기도 해요. 하지만 단 며칠만 머물다 떠나요.

암사자는 수사자보다 빨라요. 그래서 암사자들끼리 서로 도우며 사냥하지요. 사냥감에게 덫을 놓을 때도 있어요. 동물이 혼자 물을 마실 때 일부러 놀라게 만드는 거예요. 사자들은 모두 큰 소리로 포효할 줄 알아요. 그래서 몇 마리가 포효하느냐에 따라 무리의 규모를 가늠할 수 있답니다.

사자(아프리카, 인도 서부)

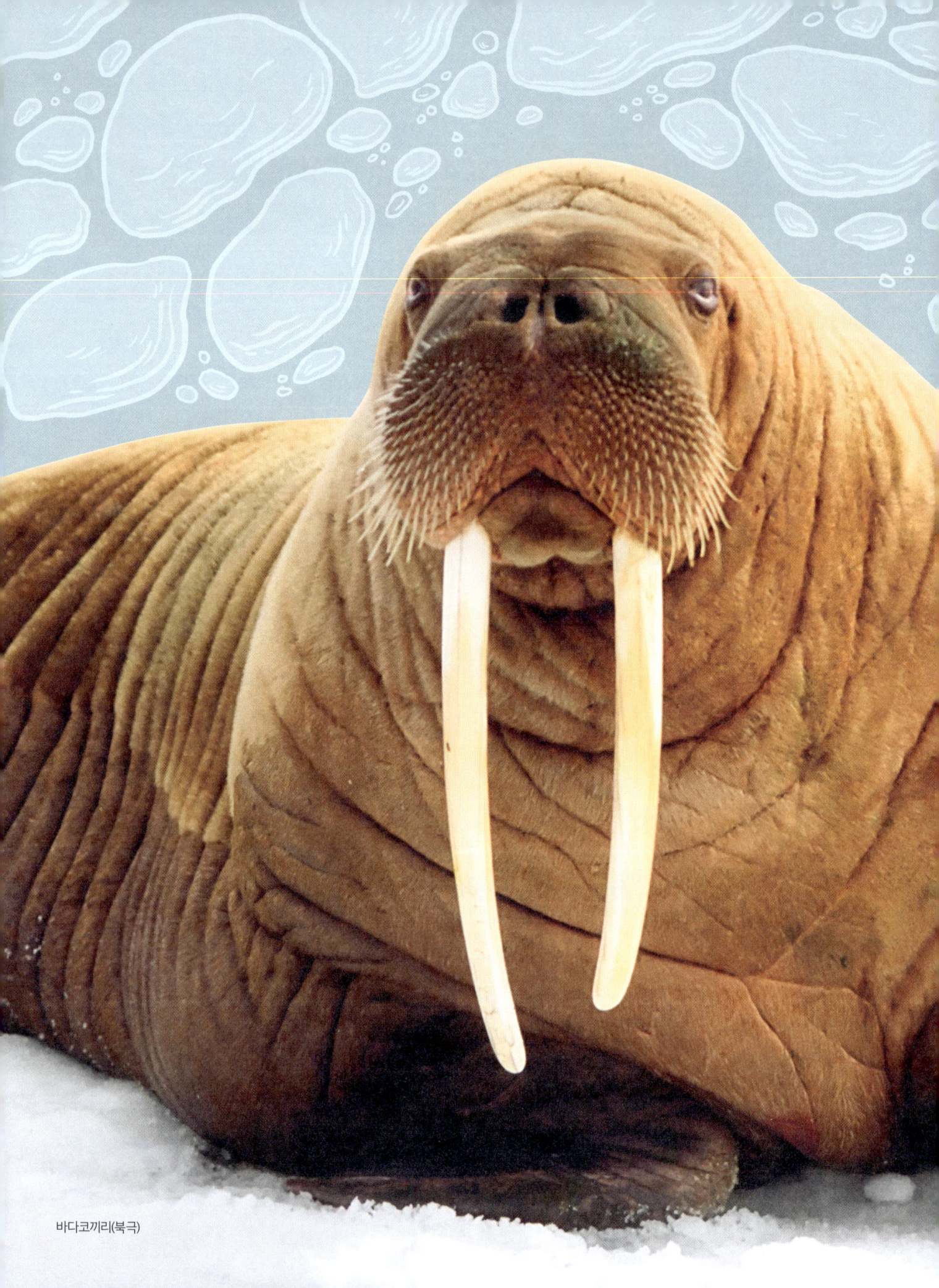
바다코끼리(북극)

바다코끼리

얼음 덩어리가 둥둥 떠다니는 북극해를 휘저으며 헤엄치는 일은 바다코끼리에게 아무런 문제가 되지 않아요. 이렇게 차가운 바닷물에서 우리는 순식간에 얼어 버리겠지요. 하지만 주름이 많은 바다코끼리는 주름 주위에 지방층이 있어서 몸을 따뜻하게 유지할 수 있어요. 물범과 동물 중 유일하게 엄니가 있기 때문에, 물 위에 떠 있는 얼음에 엄니를 걸어서 거대한 몸을 물 밖으로 끌어 올리는 데 이용해요. 수컷은 엄니로 서로 싸우기도 해요. 그래서 바다코끼리들의 피부는 온통 오래된 상처와 흉터투성이랍니다.

북아메리카의 이누이트인들에게는 바다코끼리와 바다 포유류들이 '세드나'라는 아름다운 소녀의 손가락에서 처음 만들어졌다는 전설이 있어요. 세드나는 카약에서 떨어져 바다의 여신이 되었다고 해요.

바다코끼리는 거대한 수염으로 바닷속 진흙에 숨어 사는 조개류를 더듬거리며 찾아요.

공작의 꼬리는 최대 200축이나 되는
기다란 깃털로 이루어져 있어요.

공작

수컷 공작

암컷 공작

수컷 공작에게는 굉장히 멋진 꼬리 깃털이 달려 있어요. 깃털을 양옆으로 활짝 펼치면 눈처럼 생긴 점들이 깃털 위로 일렁여요. 수컷은 이렇게 멋진 깃털로 암컷의 관심을 끈답니다. 암컷은 그중 가장 커다랗고 밝은 장식깃을 달고 있는 수컷을 선택해요. 다만, 수컷은 깃털이 너무 무거워서 힘겹게 날아요. 어떤 수컷의 깃털은 길이가 1.6미터나 되기도 해요!

수컷 인도공작의 색깔은 파란색과 녹색이고, 암컷은 갈색이에요. 하지만 처음 태어났을 때 수컷과 암컷 모두 깃털이 흰색인 경우도 있어요. 공작은 너무 시끄럽게 굴 때도 있어요. 수컷은 한밤중에 목소리를 드높여 '아-아아!' 하고 소리를 지른답니다.

인도공작(남아시아)

낙타

낙타를 볼 때마다 궁금한 점이 있어요. 낙타의 혹은 한 개일까요, 두 개일까요? 혹이 하나만 있는 낙타를 단봉낙타 또는 아라비아낙타라 부르고, 혹이 두 개 있는 낙타를 쌍봉낙타라 불러요. 두 낙타 모두 혹독한 사막 환경에 완벽하게 적응했답니다. 낙타는 물이나 먹이가 거의 없을 때를 대비해 혹에 지방을 저장해 두어요. 그리고 넓적한 발은 부드러운 모래사막에 파묻히지 않게 해 준답니다. 기다란 속눈썹과 닫을 수 있는 콧구멍 덕분에 눈과 코에 모래가 들어가지 않아요.

수천 년 동안 단봉낙타는 사람과 물자를 싣고 뜨거운 사막을 가로질러 이동했지요. 하지만 종종 성질을 부리기도 해요. 그러니까 조심하세요. 낙타들이 여러분에게 침을 뱉을지도 모르니까요!

낙타는 단 10분 만에 물을 100리터나 마실 수 있어요. 2초마다 물을 한 컵씩 마시는 셈이죠.

단봉낙타(북아프리카, 아라비아반도)

말코손바닥사슴

말코손바닥사슴
(북아메리카, 유럽, 북아시아)

말코손바닥사슴의 뿔은 해마다 20킬로그램이 넘게 자랄 수 있어요. 여러분 머리 위에 대형견 한 마리를 이고 다니는 것과 같답니다.

말코손바닥사슴의 턱 아래에 늘어진 혹이 보이나요? 우리 눈에는 좀 희한해 보이지만 암컷 말코손바닥사슴에게는 아주 멋있어 보인다고 해요. 그래서 수컷 말코손바닥사슴은 일부러 혹을 흔들어 자신의 멋진 모습을 뽐낸답니다. 여기에 커다란 뿔로 자신을 더욱 돋보이게 만들어요. 뿔은 뼈로 이루어져 있는데, 놀랍게도 해마다 새로운 뿔로 바뀐답니다. 뿔은 여름에 자라고 겨울에 떨어져요.

말코손바닥사슴은 세계에서 가장 커다란 사슴이에요. 주로 나뭇잎이나 물에서 자라는 풀을 먹지만, 겨울에는 나뭇가지를 먹고 살아요. 잔가지를 맛있게 오독오독! 말코손바닥사슴은 수영도 무척이나 잘해요. 여름에는 호수에서 몸을 흠뻑 적시고는 한답니다. 곰과 늑대는 말코손바닥사슴의 가장 무서운 천적이에요. 그래서 날카로운 발굽으로 천적들을 뻥 차 버려서 멀리 몰아낸답니다.

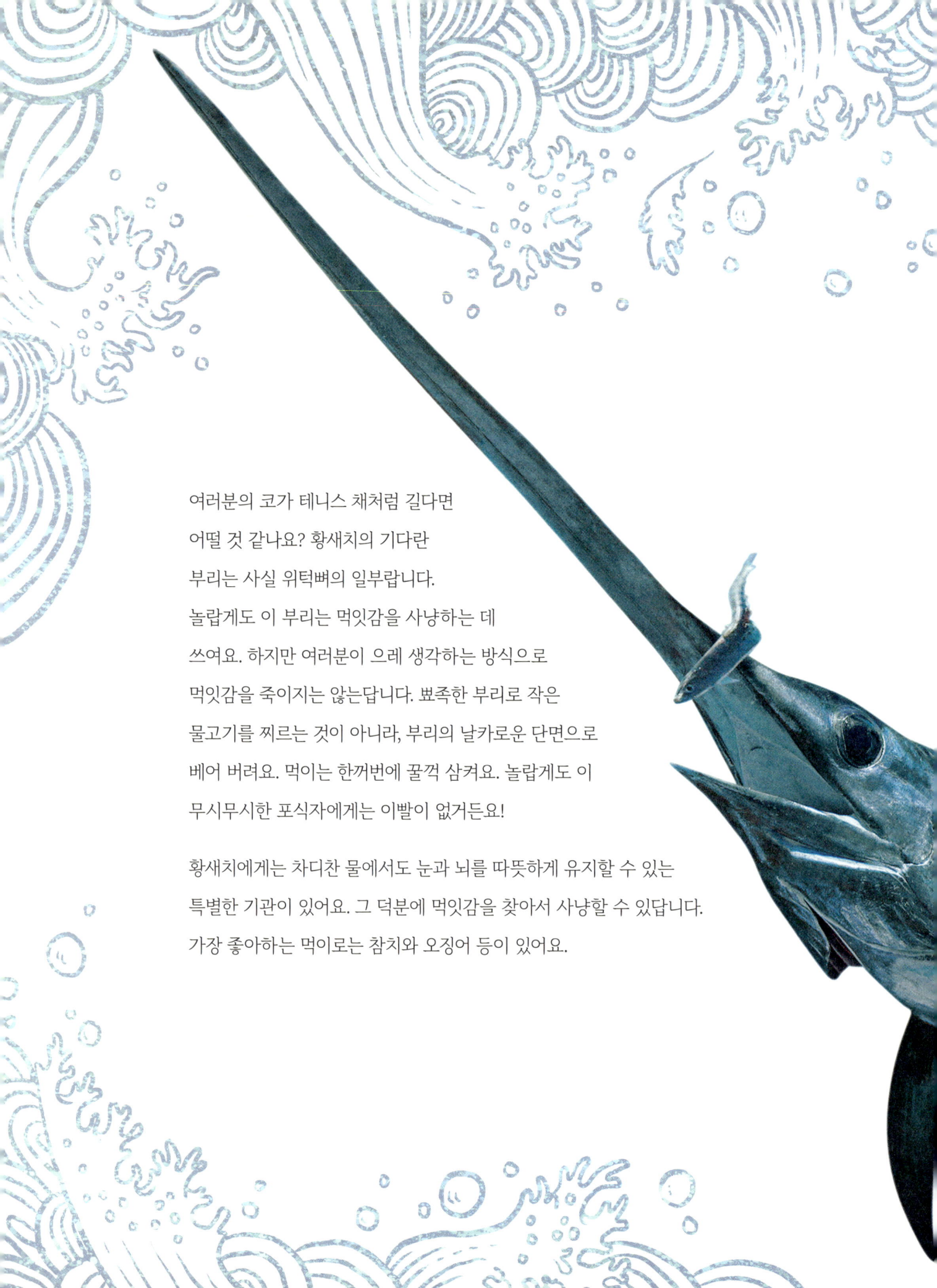

여러분의 코가 테니스 채처럼 길다면
어떨 것 같나요? 황새치의 기다란
부리는 사실 위턱뼈의 일부랍니다.
놀랍게도 이 부리는 먹잇감을 사냥하는 데
쓰여요. 하지만 여러분이 으레 생각하는 방식으로
먹잇감을 죽이지는 않는답니다. 뾰족한 부리로 작은
물고기를 찌르는 것이 아니라, 부리의 날카로운 단면으로
베어 버려요. 먹이는 한꺼번에 꿀꺽 삼켜요. 놀랍게도 이
무시무시한 포식자에게는 이빨이 없거든요!

황새치에게는 차디찬 물에서도 눈과 뇌를 따뜻하게 유지할 수 있는
특별한 기관이 있어요. 그 덕분에 먹잇감을 찾아서 사냥할 수 있답니다.
가장 좋아하는 먹이로는 참치와 오징어 등이 있어요.

황새치

다 자란 황새치에게는 적수가 많지 않아요.
범고래와 같이 아주 재빠른 포식자만이
황새치를 잡아먹을 수 있답니다.

황새치(전 세계)

북극곰은 한 끼 식사로 45킬로그램이나 되는 물범을 먹을 수 있어요.
하지만 아무것도 먹지 않고도 6개월까지 버틸 수 있답니다.

북극곰(북극)

북극곰

북극곰의 덩치는 어마어마해요. 몸무게는 800킬로그램 정도에, 커다란 발로 발자국을 남기면 대형 접시보다도 크답니다. 아주 두꺼운 털 덕분에 북극에서도 포근하게 지낼 수 있지요. 털은 눈처럼 새하얗게 보여요. 하지만 사실 투명하답니다! 털이 빛을 반사하기 때문에 하얗게 보이는 거예요. 털 속에 보이는 곰의 피부는 검은색이에요. 검은 피부로 햇빛을 흡수해 몸을 따뜻하게 유지할 수 있지요.

곰들은 얼음 위를 저벅저벅 걸어 다니고 얼음이 둥둥 떠다니는 웅덩이 속에서 며칠이고 첨벙거리며 지내요. 그리고 물범을 사냥해서 잡아먹는데, 코로 땅속에 있는 물범의 굴을 킁킁거리며 찾는답니다. 물범이 보이면 도망가지 못하도록 재빨리 굴을 파서 잡아요.

타조는 여러분이 아무리 열심히 달려도 따라잡을 수 없어요. 단거리에서 순식간에 시속 70킬로미터까지 속도를 높일 수 있거든요. 털이 보송보송한 이 거대한 새는 세상에서 가장 키가 크고 무거운 새랍니다. 타조는 날 수 없지만 발로 사바나와 사막을 누비고 다녀요.

암컷 타조는 갈색이지만 수컷의 깃털은 검은색과 흰색이 섞여 있어요. 그리고 목과 다리가 밝은 분홍색인 것도 있지요. 수컷 타조는 암컷 타조에게 잘 보이기 위해 쭈그리고 앉아 휙 소리를 내며 날개를 펄럭여요. 암컷 타조가 마음에 들어 하면 수컷이 만든 둥지에 알을 낳지요. 사람들은 타조가 겁에 질렸을 때 머리를 모래에 파묻는다고 생각해요. 하지만 그건 잘못 알려진 사실이랍니다!

타조

타조는 엄청나게 커다란 알을 낳아요.
알 하나의 무게가 달걀 스물네 개와 맞먹는답니다!

타조(아프리카)

퓨마

**퓨마는 으르렁 하고 포효하지 못해요.
하지만 고양이들처럼 가르랑 소리를 낼 수 있지요.**

퓨마는 신비에 싸인 고양잇과 동물이에요. 산이며 숲이며, 사막에서 늪까지 어디에나 살지요. 하지만 사람들 눈에는 거의 띄지 않아요. 숨겨 놓은 카메라에 종종 잡힐 뿐이에요. 어떤 카메라는 미국 캘리포니아의 언덕 위 할리우드 간판 위를 지나가는 퓨마를 찍기도 했답니다.

퓨마는 아메리카 역사에서 특별한 자리를 차지하고 있어요. 아메리카 원주민과 초기 남아메리카인들 사이에서 전해져 내려오는 수많은 이야기에 등장하거든요. 안타깝게도 이 아름다운 동물은 최고급 털을 노린 사냥꾼들에게 희생당하고 있어요. 오늘날 퓨마는 서식하고 있는 나라 대부분에서 보호를 받고 있습니다.

퓨마(북아메리카, 중앙아메리카, 남아메리카)

얼룩말

얼룩말은 검정 바탕에 흰 줄무늬일까요? 흰 바탕에 검은 줄무늬일까요? 정답은 여러분이 생각하기 나름! 얼룩말은 우리가 물건을 살 때 찍는 바코드처럼 저마다 다른 줄무늬를 지니고 있어요. 예전에는 줄무늬로 포식자들이 얼룩말을 잡기 더 어렵게 만들었다고 생각했지만, 지금은 검은색과 흰색 줄무늬로 파리가 무는 것을 방지한다고 여기고 있어요. 곤충들은 줄무늬가 있는 표면을 별로 좋아하지 않거든요.

얼룩말은 아프리카의 드넓은 사바나에 사는 야생마예요. 남아프리카에 사는 '산'이라는 부족에는 얼룩말에게 어쩌다가 줄무늬가 생겼는지 알려 주는 이야기가 전해져 내려와요. 얼룩말은 원래 온통 하얀색이었는데, 불구덩이에 빠진 이후 그을린 자국이 남아서 줄무늬가 생겼다고 해요.

얼룩말의 발굽은 사실 커다란 발톱이랍니다!

그랜트얼룩말
(동아프리카, 남아프리카)

캥거루

오스트레일리아에는 캥거루 수가 사람 수보다 두 배 더 많아요. 껑충껑충 높이뛰기를 잘하는 캥거루는 주요 서식지인 뜨거운 사막과 건조한 초원에서 물을 마시지 않고도 며칠이나 버틸 수 있을 정도로 강인하답니다. 캥거루 중 가장 큰 것은 붉은캥거루예요. 거대한 뒷다리는 용수철과 같은 역할을 해서 한 번에 9미터 위까지 뛰어오를 수 있지요. 두꺼운 꼬리로는 뛰어오를 때 균형을 잡아 주어요.

캥거루는 유대목 동물이에요. 아주 작은 새끼를 낳는 포유류라는 말이지요. 어미 캥거루는 새끼 캥거루가 안전하게 자랄 수 있도록 주머니 속에 넣고 여덟 달 동안 키운답니다.

붉은캥거루
(오스트레일리아)

캥거루는 팔에 침을 발라서
몸을 시원하게 유지한답니다.

**검은 점이 알알이 박힌 회색 털 덕분에,
눈표범은 눈과 바위 사이에 완벽하게 숨을 수 있어요.**

히말라야산맥에 사는 사람들은 '산의 유령'에 대한 이야기를 들려주어요. 그 유령은 바로 눈표범이랍니다. 비밀에 싸인 이 커다란 고양잇과 동물은 세계에서 가장 높은 산봉우리 사이에 살고, 좀처럼 눈에 띄지 않아요. 높은 곳에 살면 힘든 점이 많아요. 기온은 섭씨 영하 40도까지 곤두박질치고는 하지요. 하지만 눈표범은 극도의 추위에도 적응했어요. 매우 두꺼운 털층 덕분에 몸을 따스하게 유지할 수 있고 두툼한 꼬리를 스카프처럼 둘둘 감아요.

눈표범이 먹이를 충분히 구하려면 드넓은 지역을 여기저기 돌아다닐 수밖에 없어요. 산양과 염소는 가장 좋아하는 먹잇감이랍니다. 가파른 산비탈에서 먹잇감을 잡는 일은 무척 어렵지만, 커다란 발 덕분에 얼음 덮인 바위를 꽉 붙잡을 수 있어요.

눈표범

눈표범(중앙아시아)

보아

남아메리카의 아마존 열대 우림 깊숙한 곳에 가면, 여러분은 에메랄드나무보아가 튼튼한 나뭇가지에 몸을 둘둘 말고 있는 모습을 볼 수 있을 거예요. 보아는 나뭇가지에 매달려 머리를 아래로 늘어뜨린 채, 기다리고 또 기다리며 시간을 보내요. 보아가 좋아하는 저녁거리는 박쥐와 들쥐예요. 뱀이라고 모두 독이 있는 것은 아니랍니다. 보아는 먹잇감을 쥐어짜서 죽여요. 먹잇감이 가까이 오면 얼른 잡아서 그 기다란 몸으로 둘둘 감싸요. 그리고 먹잇감의 피가 돌지 않을 때까지 꽉 조입니다. 그러고 나서 입을 쩍 벌려서 먹잇감을 한입에 꿀꺽 삼켜 버려요. 에메랄드나무보아의 입 주변에 있는 신기한 구멍들은 피트 기관이라고 하는 열구멍이에요. 이 구멍으로 근처에 있는 동물들의 온기를 느끼기 때문에 새까만 밤에도 먹잇감을 찾을 수 있답니다.

새끼 에메랄드나무보아는 밝은 주황색이나 붉은색이에요. 한 살이 될 무렵 초록색으로 바뀌지요.

에메랄드나무보아
(남아메리카)

치타

치타는 세상 그 어떤 동물보다도 빨라요. 그리고 몸의 구조를 보면 빠를 수밖에 없답니다. 골격이 가벼워서 몸무게를 줄일 수 있고요, 다리의 근육은 크고 탄탄해요. 그리고 발톱은 축구화에 달린 스파이크처럼 땅을 박차고 튀어 오를 수 있지요. 그 덕분에 치타는 속도를 시속 113킬로미터까지 올릴 수 있어요. 대부분의 도로에서 뛴다면 속도 제한에 걸릴지도 몰라요!

치타는 사냥감을 뒤쫓을 때 금세 체온이 올라 지치고 말아요. 1분이 지나도록 사냥감을 잡지 못하면 그냥 포기해 버려요. 어린 수컷 치타들은 함께 사냥하기도 해요. 높다란 풀숲 사이에서는 서로를 보기 힘들기 때문에, 치타들은 짖거나 새처럼 짹짹거리는 소리를 내서 서로 연락해요. 치타들은 고기를 나누어 먹거나 머리를 맞대고 비비는가 하면, 서로를 핥아 주며 우정을 나눈답니다.

치타는 등뼈가 유연해서 뒷다리를 뒤로 쭉 뻗을 수 있어요.
그 덕분에 더 빠르게 달릴 수 있답니다.

치타(아프리카)

큰개미핥기
(중앙아메리카, 남아메리카)

큰개미핥기는 개미를 하루에
35,000마리나 잡을 수 있어요.

개미핥기

누가 이빨이 필요하다고 하던가요? 개미핥기에게는 필요 없어요. 이빨이 없어도 가장 좋아하는 먹이인 흰개미와 다른 개미를 쉽게 삼킬 수 있거든요. 하지만 우선 이 맛있는 먹잇감을 잡아야 해요.
큰개미핥기는 갈고리 모양의 튼튼한 발톱으로 흰개미가 쌓아 올린 단단한 진흙 벽에 구멍을 뚫어요. 그다음 거대한 혀를 개미굴 안에 집어넣어 1분에 150번까지 날름거려요. 끈적끈적한 침과 혀에 돋은 작은 돌기로 안에 있는 곤충을 집어 올리지요.

개미핥기는 발톱이 너무 길어서 걷기 힘든 탓에, 손가락 마디를 딛고 걸을 수밖에 없어요.
쉴 때에는 북슬북슬한 털을 접어서 이불처럼 덮는답니다.

순록

혹독하게 추운 북극에 사는 동물은 많지 않아요. 하지만 순록에게는 얼음과 눈의 세계가 고향이랍니다. 순록은 쉬지 않고 신선한 풀을 찾아 대규모로 무리를 지어 돌아다녀요. 러시아와 북유럽에 사는 사람들은 순록을 길들였어요. 강인한 체력을 자랑하는 순록은 썰매를 끌어 주고, 사람들에게 고기와 가죽을 공급해 주어요. 북아메리카에 사는 순록을 '카리부'라 불러요. 카리부는 순록보다 야생성이 더 강하고 사람을 무서워한답니다.

순록의 발은 넓적해서 눈을 밟고 자박자박 걸어갈 때 가라앉지 않게 해 줘요. 여러분은 순록이 오는 것을 소리로 알아챌 수 있어요. 순록은 걸어갈 때 발에서 시끄러운 딸깍 소리를 내거든요.

순록(북아메리카, 북유럽, 북아시아)

대부분의 사슴은 수컷만 뿔이 자라요. 하지만 순록의 경우 수컷과 암컷 모두 뿔이 자란답니다.

가오리

잠깐… 지금 두 눈이 바다 밑바닥에서 여러분을 빤히 바라보고 있는 거 맞죠? 가오리는 눈만 빠끔 내밀고 있어서 몸통은 좀체 보이지 않아요. 몸통이 팬케이크처럼 둥글납작해서 모래 속에 파묻고 있는 걸 좋아하거든요. 기다란 꼬리 위에는 독이 가득 들어 있는 돌기가 두 개 있어요. 하지만 일반적으로 사람을 쏘지는 않아요. 여러분이 실수로 가오리를 밟지만 않는다면요!

꽁지가오리는 작은 물고기와 게를 사냥해요. 가오리들은 먹잇감의 근육이 만들어 내는 아주 작은 전기 진동도 느낄 수 있답니다. 그래서 먹잇감이 숨어 있어도 어디에 있는지 알아낼 수 있어요.

꽁지가오리
(인도양, 태평양)

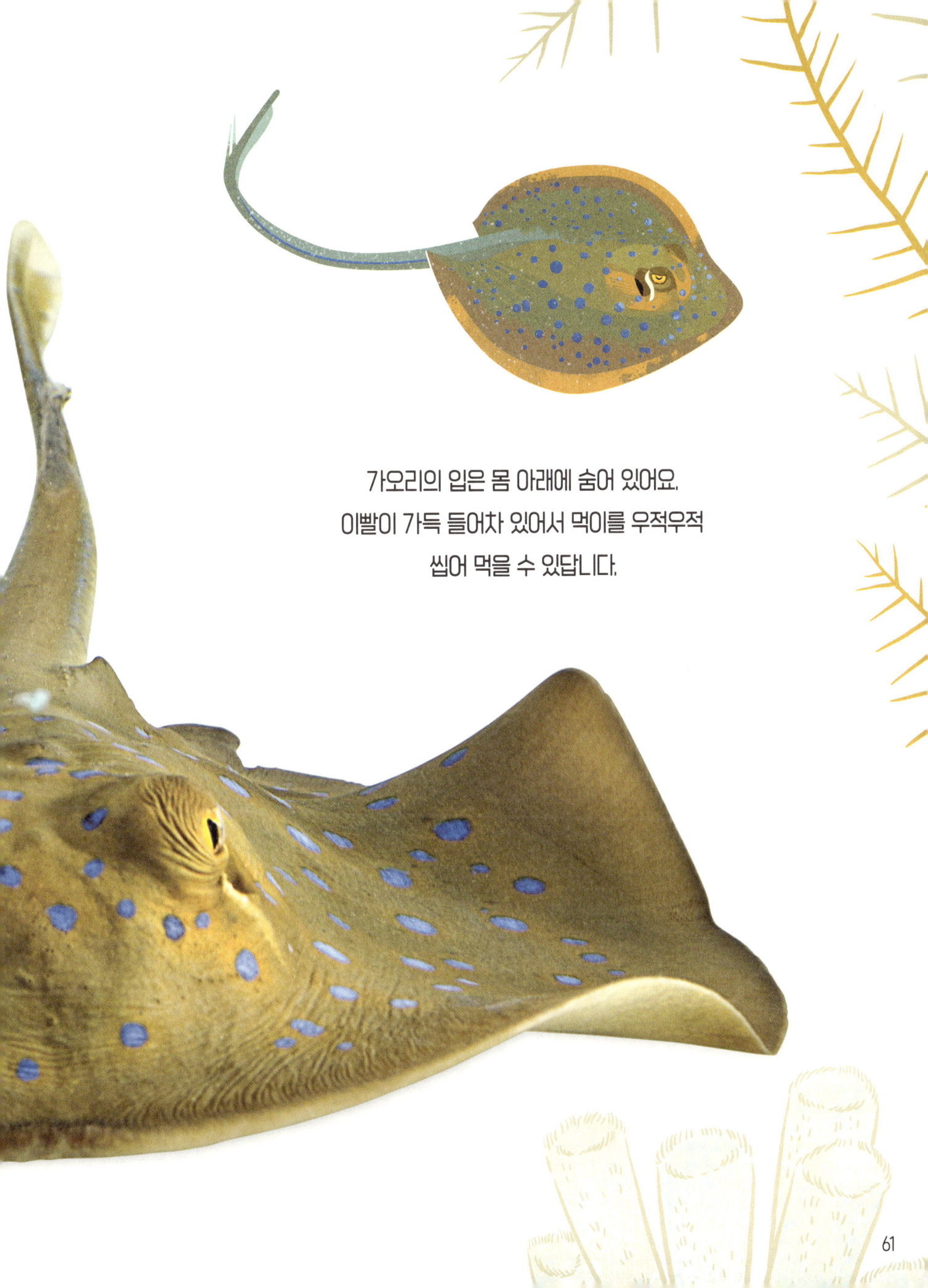

가오리의 입은 몸 아래에 숨어 있어요.
이빨이 가득 들어차 있어서 먹이를 우적우적
씹어 먹을 수 있답니다.

리카온

리카온(아프리카)

아프리카 들개라고도 하는 리카온은 언제 어디서나 무리를 지어서 다녀요. 서로를 핥아 주며 애정 표현도 하고, 휘파람 소리를 내거나 요란하게 짖어서 서로 소통하지요. 사냥을 하겠다고 마음먹었다면 재채기를 해요! 개들이 충분히 재채기를 하면, 무리는 사냥하러 떠나요. 서른 마리에 이르는 리카온이 팀을 이루어 영양이나 커다란 동물을 사냥해요. 리카온은 먹잇감을 쫓아 달리며 먼지구름을 일으켜요. 먹잇감이 빠져나가지 못하도록 무리는 서로 갈라져 도망갈 곳을 모두 막아 버린답니다.

무리의 우두머리 암컷만 새끼를 낳을 수 있어요. 암컷은 한 번에 최대 열두 마리까지 낳을 수 있지요. 무리 전체가 새끼들을 지켜 주고 고기를 찢어 나누어 주어요.

리카온을 가리켜 '얼룩덜룩한 늑대'라고도 불러요. 털에 얼룩무늬가 있거든요.

대왕판다

새끼 판다는 피부가 분홍색이고 털이 거의 없어요.
태어난 지 3주 정도 지나면 검은 털과 흰 털이 자라지요.

중국의 시원하고 축축한 산 위로 올라가면 대왕판다를 만날 수 있을 거예요. 이 지역에 사는 사람들은 판다를 가리켜 '대나무 곰'이라 불러요. 판다가 가장 좋아하는 먹이가 대나무거든요. 대나무는 높다랗게 자라는 풀의 일종인데 판다가 즐겨 먹어요. 판다는 하루 중 절반을 앉아서 먹는 데 보내요. 게다가 특별한 손목뼈가 있는데 이 뼈를 엄지손가락처럼 움직여 특히 대나무 줄기를 잡는 데 쓴답니다.

판다는 전 세계적으로 유명해요. 이제 점점 희귀해지고 있기 때문이에요. 판다를 구하기 위해 중국은 판다 사육 시설을 만들어 새끼가 많이 태어나도록 했어요. 시설에서 일하는 사육사 중 일부는 판다처럼 옷을 입어 새끼들이 사람에게 너무 길들여지지 않도록 한답니다.

대왕판다(중국)

늑대

아우우우! 늑대는 달을 보며 울부짖는다고 알려져 있어요. 이 말은 사실이 아니지만, 해가 지고 나서 울부짖는 것은 맞아요. 늑대들은 밤에 더 활발하게 움직이기 때문이에요. 늑대들은 무리를 지어서 살고, 한 마리가 울부짖기 시작하면 다른 늑대들도 따라서 짖어요. 그리고 몸짓으로 서로 소통하기도 한답니다. 대장 늑대라면 귀와 꼬리를 쫑긋 세우지만, 부하 늑대는 아래로 바짝 엎드리고 귀를 축 늘어뜨려요. 꼬리도 다리 사이에 집어넣고요.

바이킹에게서 전해져 내려오는 이야기에는 펜리르라는 거대한 늑대가 등장해요. 펜리르는 너무나 사나워서, 신이 마법의 쇠사슬로 묶어서 도망가지 못하게 했다고 해요.

회색늑대(북아메리카, 유럽, 아시아, 북극)

가장 작은 반려견도 수천 년 전에 길들여진
늑대의 후손이에요.

사람들의 지문은 모두 달라요.
그리고 고릴라 코의 무늬도 각자 다르답니다!

서부고릴라
(중앙아프리카)

고릴라

고릴라는 아프리카에 사는 온순한 거대 동물이에요. 이 멋진 유인원은 나뭇잎이나 과일 등 주로 식물을 먹어요. 다 자란 고릴라는 하루에 풀을 30킬로그램이나 우적우적 먹는답니다. 나무에서 자라는 과일을 먹고 나서 똥을 싸면 그 안에 있는 씨앗이 퍼져 나가요. 이렇게 해서 고릴라 덕분에 숲의 수많은 나무들이 자란답니다.

고릴라 가족은 저마다 실버백이라 부르는 대형 수컷이 이끌어요. 실버백의 근육은 엄청나게 크고, 머리 꼭대기에는 커다랗고 단단한 혹이 있어요. 실버백이 화가 나면 가슴팍을 두드리며 주변에 있는 풀을 마구 후려쳐요. 하지만 고릴라 사이에 싸움은 잘 일어나지 않아요. 새끼 고릴라는 엄마나 이모들에게 폭 안겨 있거나 업혀 있기를 좋아한답니다.

우유뱀

커다란 우유뱀은 자기보다 더 작은
우유뱀을 잡아서 한입에 꿀꺽
삼켜 버릴 때도 있어요.

우유뱀(북아메리카,
중앙아메리카, 남아메리카)

사람들은 이 줄무늬 뱀의 이름만 듣고 젖소에서 나온 우유를 마신다고 생각하고는 했어요. 이는 사실이 아니지만, 우유뱀을 뜻하는 영어 '밀크 스네이크 milk snake'* 라는 이름은 그대로 굳어져 버렸어요. 사실 우유뱀은 도마뱀과 생쥐, 들쥐 등을 잡아먹어요. 풀밭을 스르르 기어다니며 혀를 날름거리고는 냄새를 맡지요. 이렇게 하면 먹잇감이 어디에 있는지 정확히 알 수 있어요. 우유뱀에게는 독이 없기 때문에 먹잇감을 살아 있는 상태에서 꿀꺽 집어삼켜요.

이 엉큼한 뱀은 기가 막힌 방법으로 자신을 보호하기도 해요. 빨간색, 검은색, 흰색이 반복되는 무늬는 아주 강력한 독을 지닌 산호뱀과 아주 비슷하지요. 그래서인지 다른 동물들은 우유뱀이 위험하다고 착각하여 건드리지 않고 내버려 둔답니다.

*'밀크 milk'는 우유, '스네이크 snake'는 뱀이라는 뜻의 영어.

71

물범

하프물범의 이름은 수컷의 등이
하프라는 악기와 비슷하게 생겨서 지어졌어요.

얼어붙을 것만 같이 추운 북극해, 이곳에서 둥둥 떠다니는 얼음 위에서 태어난 하프물범은 혹독한 삶을 시작해요. 다행히 새끼 하프물범은 추위를 막을 수 있는 하얀 털옷이 있어요. 어미 물범의 젖은 크림처럼 진해서 새끼들이 피부밑에 두꺼운 지방층을 만들 수 있답니다. 새끼 물범은 태어난 지 겨우 3주 만에 폭신폭신한 털이 떨어져 나가요.

물범은 새끼를 기르기 위해 모두 해안가로 와요. 걷지 못하기 때문에 배로 파닥거리며 자리를 옮긴답니다. 하지만 파도 아래에서는 지느러미와 보드라운 털 덕분에 누구보다도 빠르고 멋지게 수영할 수 있지요. 북유럽에서 전해져 내려오는 신화에서는 '셀키'라 부르는 물범 형태의 생명체가 가죽을 벗고 인간이 될 수 있다고 해요.

하프물범(북극해)

양은 다른 양 50마리의 얼굴을 구분할 수 있어요.
커다랗게 무리지어 사는 양들에게 아주 유용한 능력이지요!

양

양은 약 1만 년 전 아시아에서 가축으로 처음 길러지기 시작했어요. 오늘날 세계 곳곳에서 키우는 양의 수는 10억 마리가 넘는답니다. 하지만 야생 양은 조금 달라요. 야생 양은 높다란 바위투성이 산봉우리와 타는 듯이 뜨거운 사막 등 지구에서 가장 험준한 지역에 보금자리를 꾸미고 살아요. 큰뿔양은 북아메리카의 산맥에 살아요. 암컷과 수컷 모두 뿔이 있지요. 하지만 수컷의 뿔이 훨씬 크고 더 구부러져 있어요. 수컷은 박치기 싸움을 할 때 뿔을 이용한답니다!

양은 열두 띠 동물 중에 하나예요. 양의 해에 태어난 사람들은 친절하다고 여겨진답니다.

큰뿔양
(북아메리카 서부)

수달과 해달

해달은 잠을 잘 때 해초를 둘둘 감싸서
몸이 떠내려가지 않도록 해요.

수달만큼 아름답게 헤엄치는 동물은 많지 않아요. 물갈퀴가 달린 발을 움직이면 힘차게 앞으로 나아갈 수 있고요, 미끌미끌한 털 덕분에 물 위를 미끄러지듯 이동할 수 있지요. 수달은 낚시의 달인이기도 해요. 기다란 수염으로 근처에 있는 물고기의 위치를 찾아요. 어두운 물속에서도 문제없이 찾을 수 있답니다.

대부분의 수달은 강과 호수에서 사냥해요. 하지만 해달은 태평양의 차가운 바닷가에 살아요. 지구상에서 털이 가장 빽빽한 동물이기도 해요. 두꺼운 털 사이에 공기를 가두어 몸을 따스하게 유지해 주고 물 위에 누워 둥둥 떠다닐 수 있어요. 이렇게 해서 잠도 잔답니다! 해달은 가시로 뒤덮인 성게와 딱딱한 게를 즐겨 먹어요. 좋아하는 돌멩이로 단단한 껍질을 부순 다음에 먹지요.

해달(북태평양)

바다이구아나

바다이구아나
(남아메리카
갈라파고스 제도)

이구아나를 보면 공룡이 떠오르지 않나요? 이구아나는 뾰족뾰족한 비늘과 날카로운 발톱 때문에 어떻게 봐도 무시무시하게 생겼어요. 대부분의 이구아나는 더운 숲이나 사막에 살아요. 하지만 지구에 사는 다른 도마뱀들과는 달리 바다이구아나는 바다 근처에서 살지요.

바다이구아나는 에콰도르에 속한 갈라파고스 제도에서만 볼 수 있어요. 주로 바다에 사는 수초인 조류를 먹는데, 이 특이한 먹잇감을 먹기 위해 썰물일 때 미끄러운 바위 위로 올라가요. 커다란 이구아나는 물속에 뛰어들어 꼬리를 양옆으로 흔들며 파도 아래에서 먹잇감을 찾아 먹어요. 먹을 때 소금물도 많이 삼키기 때문에, 재채기를 하면서 소금을 뱉어 낸답니다!

섬마다 바다이구아나의 색깔이 달라요. 에스파뇰라섬에 사는 이구아나는 붉은색과 녹색 비늘이 어우러져 가장 밝은색을 띤답니다.

보르네오오랑우탄
(동남아시아 보르네오섬)

오랑우탄

동물원에 사는 오랑우탄은 우리가 하는 행동을 똑같이 따라 해요.
나무를 톱질하고 못을 박을 줄도 안답니다!

오랑우탄은 '숲에 사는 사람'이라는 뜻이에요. 이 주황빛 유인원이 나무 위에서 벗어나는 것을 좋아하지 않는다는 사실에 비추어 볼 때, 참 잘 지은 이름이지요. 오랑우탄은 기다란 팔을 이용해 이 나무에서 저 나무로 그네를 타듯 옮겨 다니며 잘 익은 과일을 찾아요. 비가 오면 머리 위에 커다란 나뭇잎을 우산처럼 쓴답니다. 저녁이 되면 나무를 구부려 잠을 잘 나뭇잎 둥지를 만들어요. 오랑우탄 대부분은 자신만의 둥지에 살지만 어미는 새끼들을 데리고 어디든지 다닌답니다. 새끼들이 다 클 때까지 시간이 오래 걸리기 때문이지요. 새끼들은 8년 동안 어미와 같은 둥지에서 밤을 보내요. 그보다 커다란 수컷은 주로 숲 아래 바닥에서 시간을 보내지요. 수컷은 볼에 특이한 주머니가 있어서 쉽게 구분할 수 있어요.

울버린

굶주린 울버린은 먹잇감의 가죽과 발, 이빨, 뼈까지
남김없이 먹어 치워요!

울버린(북아메리카,
북유럽, 북아시아)

북극의 숲 사이를 뛰어다니는 사나운 울버린에게 이곳만큼 좋은 보금자리는 없어요. 여느 포유류처럼 울버린도 2중으로 된 털옷을 입었어요. 맨 위층에는 몹시 추운 바람을 견딜 수 있는 기다란 털이 있지요. 그 아래 두 번째 층에는 아주 보드랍고 매우 두꺼운 털이 있어요. 심지어 발에도 털이 촘촘히 나 있어 털 부츠를 신은 효과를 낼 수 있어요.

울버린은 몸이 아주 튼튼하고, 뼈와 꽁꽁 언 고기도 부술 만큼 턱 힘도 어마어마해요. 그 덕분에 먹고 남은 음식을 눈 속에 묻어 두고 나중에 먹을 수 있지요. 울버린은 아무거나 거의 다 먹어요. 쥐, 사슴, 새알, 딸기, 심지어 다른 포식자가 먹고 남긴 것도 먹는답니다.

홍학은 물속에서 다 함께 어린 새끼를 돌보아요.
아프리카에서는 최대 30만 마리에 이르는 새끼 홍학을 함께 키운답니다.

칠레홍학(남아메리카)

홍학

여러분이 가장 좋아하는 음식을 먹으면 그 음식과 똑같은 색으로 변한다고 상상해 보세요! 홍학은 매일 분홍새우 또는 식물처럼 생긴 조류를 먹어서 몸 색깔이 분홍색으로 바뀌었어요. 고대 이집트인들은 불타는 것 같은 홍학의 깃털을 보고 이 새들이 태양신의 상징이라고 생각했지요. 이집트인들은 홍학을 그리고서는 '붉다'는 뜻으로 썼어요.

남아메리카 안데스산맥의 얕은 호숫가에는 누군가의 다리가 숲을 이룬 것처럼 빽빽이 들어차 있어요. 이곳의 주인은 아마도 칠레홍학일 거예요. 칠레홍학은 커다랗게 무리를 이루어 새끼를 길러요. 양육할 준비가 되면 끈적끈적한 갈색 진흙으로 화산 모양 둥지를 지어요. 그리고 맨 위에 알을 하나씩 낳습니다. 알이 부화하면 엄마와 아빠는 목구멍에서 우유를 만들어 솜털이 보송보송한 새끼에게 먹여요. 우유 색깔도 분홍색이랍니다!

문어는 피가 파랗고 심장도 세 개나 있어요.
헤엄을 치는 동안에는 심장 하나가 박동을 멈춘답니다.

문어(전 세계)

문어

나도 문어처럼 팔이 여덟 개라면! 문어는 바다 밑바닥에서 팔로 바위를 둘둘 감고 에워싸서 자리를 옮겨요. 다리마다 200개가 넘는 흰색 빨판이 있는데, 빨판으로 맛을 보고, 느끼고, 초강력 접착제처럼 무언가에 달라붙는답니다! 헤엄칠 때에는 부드러운 몸통으로 물을 쏘아요. 물을 찍 뿌리면 마치 바람 빠진 풍선이 쏜살같이 이리저리 날아오르듯 헤엄치는 것이지요.

문어는 바다에서 가장 영리한 동물 중 하나예요. 돌을 집어서 몸을 방어할 무기처럼 쓰고, 잡혔을 때에는 퍼즐 문제를 풀 듯 요리조리 빠져나간답니다. 북유럽의 선원들은 문어처럼 생긴 거대 바다 괴물에 대한 이야기를 들려주고는 했어요. 배를 가라앉힐 정도로 무시무시한 바다 괴물을 가리켜 '크라켄'이라 불렀답니다.

너구리판다가 주로 먹는 먹이 중 최대 90퍼센트는 대나무예요. 특히 봄에 새로 돋아나는 죽순을 좋아한답니다.

너구리판다

레서판다라고도 불리는 너구리판다는 아주 귀엽게 생겼어요. 곰처럼 생긴 얼굴에 털도 폭신하고, 꼬리는 또 얼마나 복슬복슬하다고요. 하지만 이 녀석은 판다일까요? 아니면 곰? 둘 다 아니에요! 과학자들은 너구리판다를 독자적인 종으로 분류해요. 하지만 여러분은 너구리판다를 보면 붉은 너구리처럼 생겼다고 여길 거예요. 여러분 말이 맞아요. 너구리판다는 너구리와 가장 가까운 친족 관계랍니다.

너구리판다의 고향은 아시아의 숲이 우거진 산맥이에요. 이곳에 가면 너구리판다들이 짹짹거리거나 끙끙대는 소리를 들을 수 있어요. 기다란 꼬리로 나뭇가지 위에서 균형을 잡고, 특별한 기술로 그 위를 돌아다니지요. 발목을 뒤로 완전히 돌릴 수도 있어요. 그 덕분에 머리를 아래로 하고 나무 위에서 내려올 수 있답니다!

너구리판다
(히말라야산맥, 중국 남서부)

비버

쓰러진 나무에 이빨 자국이 있다면 비버가 갉아 먹었다는 증거예요. 비버의 주황빛 앞니는 매우 뾰족해서 나무를 씹기에 좋아요. 나무를 먹고 댐을 짓는 데 쓴답니다. 비버 가족은 솜씨 좋은 건축가들이에요. 우선 나뭇가지를 가져오고 그 사이를 진흙으로 메워서 댐을 만든 뒤 물길을 막아요. 그러면 댐 뒤로 물이 고이며 비버들이 헤엄칠 수 있는 연못이 만들어지지요. 노처럼 납작하게 생긴 꼬리와 물갈퀴가 달린 발로 능숙하게 수영을 해요.

그다음에 비버는 집을 지어요. 입구가 물속에 있어 완벽하게 숨길 수 있는 집이랍니다. 만약 위험한 기미가 보이면 꼬리를 물에 찰싹찰싹 치면서 경고음을 내요. 다른 비버들은 이 소리를 듣고 헤엄쳐서 물속으로 들어가지요.

비버의 앞니는 계속해서 자란답니다!
하지만 나무를 씹을 때 닳아 없어지기 때문에
너무 길게 자라지는 않아요.

아메리카비버
(북아메리카)

바다거북

날씨가 더워지면 바다거북의 알에서는 암컷이 더 많이 태어나요.
날씨가 선선해지면 수컷이 더 많이 부화하지요.

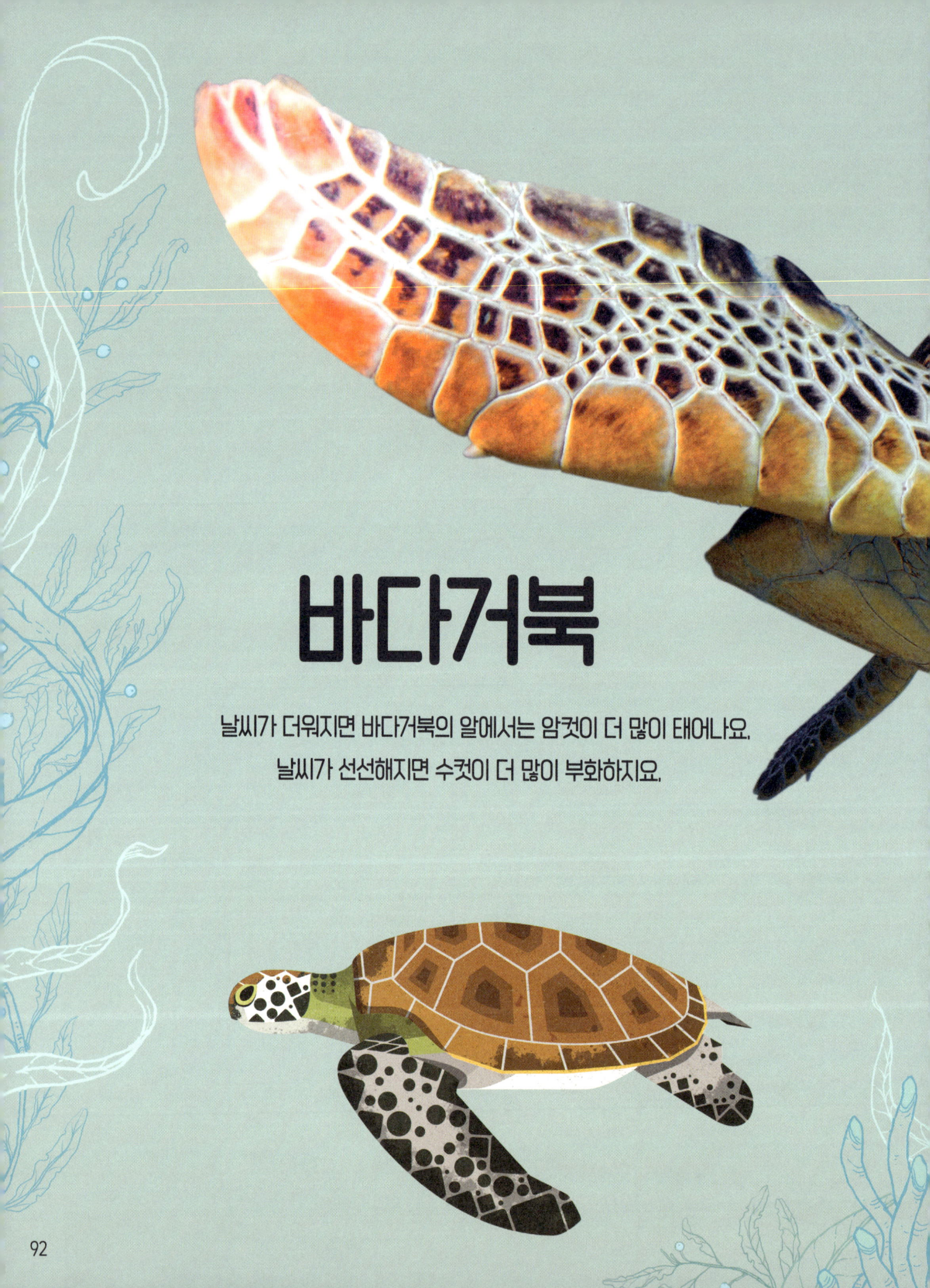

푸른바다거북(대서양, 태평양, 인도양의 열대 지방)

바다거북은 굉장히 뛰어난 수영 선수예요. 부드러운 껍질에 기다란 지느러미 덕분이지요. 바다거북은 드넓은 바다를 유유히 헤엄치며 엄청난 거리를 이동한답니다. 어떤 바다거북은 해파리와 새우, 게의 뒤를 쫓아 잡아먹어요. 하지만 푸른바다거북은 바다 밑바닥에서 자라는 해초를 뜯어먹고 살아요. 푸른바다거북은 지방이 초록색이라 이렇게 이름이 지어졌답니다!

암컷 바다거북은 알을 낳으러 자신이 부화했던 바닷가로 돌아와요. 밤에 해변 위를 어기적어기적 기어 와서는 모래를 파고 구덩이를 만들지요. 그 안에 탁구공처럼 생긴 하얀 알 100여 개를 낳아요. 7주나 9주 뒤 작은 새끼거북들이 꼬물꼬물 기어 나와서 곧장 바다로 향한답니다.

금계(중국)

꿩

'장끼'라 부르는 꿩의 수컷은 세상에서 가장 화려한 새 중에 하나예요. 대부분 밝고 알록달록한 색깔에 기다란 꼬리 깃털을 지니고 있답니다. 중국에 사는 꿩인 금계는 어두컴컴한 숲속에 살아요. 수컷이 햇볕에 너무 오래 있으면 깃털의 색깔이 바래고 말아요. '까투리'라 부르는 암컷은 수컷보다는 덜 화려하지만, 얼룩덜룩한 갈색 깃털이 들쑥날쑥 들어오는 숲속 햇빛 사이에서 완벽한 위장막이 되어 준답니다. 까투리는 깃털로 포식자로부터 알과 자신을 숨겨요.

수컷 금계는 암컷의 마음에 들기 위해 자신의 깃털을 한껏 뽐내요. 암컷 앞으로 달려가서는 목에 난 황금 깃털을 망토 모양으로 활짝 펴서 부리를 가리고, 그 위로 눈만 빼꼼히 드러낸답니다.

중국에 사는 금계는 아름다움과 행운의 상징이라고 해요.

펭귄

황제펭귄은 500미터 아래까지 잠수하고 숨을 20분이나 참을 수 있어요.

황제펭귄(남극)

젠투펭귄
(남극 근처 제도)

펭귄이 뒤뚱뒤뚱 걷거나 배로 미끄러지는 모습은 왠지 우스꽝스러워 보여요. 날개는 지느러미로 바뀌어 날지도 못한답니다. 하지만 물속에서는 마치 나는 것처럼 어디든 쌩하고 헤엄칠 수 있어요. 물고기나 크릴새우 뒤를 쫓을 때에는 날개를 퍼덕여 속도를 높일 수 있어요.

펭귄은 대부분 남극해에 살아요. 두꺼운 지방층 안에 열을 가두어 몸을 따스하게 유지하지요. 우리가 잠수복을 입는 것과 같아요! 황제펭귄의 고향은 남극이에요. 지구에서 가장 추운 곳이지요. 너무나 추워서 발 위에 알을 놓고 품어요. 얼음 위에 놓았다가는 알이 얼어 버릴 수 있으니까요.

아델리펭귄
(남극 근처 제도)

아프리카펭귄
(남아프리카)

남부바위뛰기펭귄
(남극 근처 제도)

쇠푸른펭귄
(오스트레일리아 남부, 뉴질랜드)

볏호저(아프리카)

호저

다리가 달린 뾰족한 수풀! 호저가 정확히 이렇게 생겼어요. 호저를 건드리고 싶지는 않을 거예요. 왜냐하면 녀석에게는 비밀 무기가 있거든요. 호저의 등은 아주 뾰족하고 뻣뻣한 가시로 덮여 있어요. 호저가 겁을 먹으면 가시를 위로 치켜올리고 뒤로 돌진해요. 공격당한 쪽은 얼굴에 가시가 잔뜩 박히게 되죠. 아야!

호저의 눈은 매우 작아서 앞을 잘 보지 못해요. 하지만 코로 킁킁대며 여기저기 돌아다닌답니다. 밤이 되면 굴을 떠나 뿌리와 식물성 먹이를 파내요. 호저는 쥐와 다람쥐 같은 설치류라서 평생 이빨이 자라요. 어떤 호저는 돌아다니며 뼈를 모아서 이를 가는 데 쓴답니다.

호저는 가시를 마구 흔들어 포식자에게 겁을 주기도 해요.

개코원숭이

**수컷 개코원숭이는 코가 밝은색일수록
무리 안에서 중요한 위치를 차지해요.**

붉고 푸른 얼굴과 복슬복슬한 노란 수염, 보랏빛 엉덩이까지, 수컷 개코원숭이는 지구에서 가장 알록달록한 원숭이 중 하나예요. 그리고 가장 큰 원숭이이기도 하지요. 눈에 잘 띄겠다고 생각하겠지만, 사실 그렇지 않아요. 개코원숭이가 사는 아프리카 열대 우림은 매우 빽빽하고 어두워서 멀리 볼 수 없답니다. 하지만 그들이 서로를 부를 때 내는 요란한 목소리는 들을 수 있을 거예요.

개코원숭이의 앞니는 매우 날카로운데, 보통 뽐내기 용도로 쓰이고, 대개 식물과 작은 동물을 먹는답니다. 개코원숭이들은 네 발로 숲속을 어슬렁거리며 먹이를 찾으러 다녀요. 암컷과 어린 원숭이들은 나무 위로 올라갈 수 있을 정도로 작지만 수컷은 너무 무거워서 올라가지 못한답니다.

개코원숭이
(중앙아프리카)

천산갑

**어떤 천산갑의 발톱은 엄청나게 강력해요.
콘크리트처럼 단단한 것도 팔 수 있을 정도랍니다!**

천산갑은 오랫동안 사람들에게 수수께끼 같은 동물이었어요. 도대체 이 이상한 생명체는 무엇일까? 도마뱀인가? 이제는 천산갑이 비늘이 덮인 유일한 포유류라는 사실이 밝혀졌어요. 천산갑은 공격을 받으면 몸을 둥글게 단단히 말아서 자신을 보호해요. 갑옷을 입은 효과를 내는 거예요. 사자조차도 천산갑의 돌돌 말린 몸을 푸는 데 애를 먹는답니다.

사바나천산갑은 앞발의 발톱이 너무나 크고 힘이 세서 뒷다리를 끌 듯이 터덜터덜 걸어 다녀요. 그리고 굴착기처럼 재빨리 흙을 파서 굴을 만들지요. 밤이 되면 개미굴을 습격해요. 개미나 흰개미가 만들어 놓은 단단한 굴 입구를 마구 뜯어내고는 그 안에 있는 먹음직스러운 곤충들을 꺼내 먹지요. 천산갑은 이빨이 없어요. 하지만 길고 끈끈한 혀는 저녁거리를 후루룩 핥아 먹는 데 제격이랍니다.

사바나천산갑(아프리카)

여우원숭이

여우원숭이는 동아프리카에서 조금 떨어진 마다가스카르에 살아요. 대부분은 기다란 팔로 매달려 이 나무에서 저 나무로 옮겨 다니고, 꼬리로 균형을 잡는답니다.
알락꼬리여우원숭이는 참 특이해요. 줄무늬 꼬리를 높이 들고 건조한 숲속 땅 위를 날쌔게 움직이거든요.

알락꼬리여우원숭이는 북적북적 모여 있기를 좋아해요. 우두머리 암컷을 중심으로 많게는 30마리 가족이 함께 산답니다. 무리 지어서 과즙 가득한 과일과 꽃, 나뭇잎을 찾아서 먹어요. 그리고 나무에서 나오는 달콤한 액체인 수액도 무척이나 좋아하지요. 밤이 되면 나무 또는 굴에서 서로 바싹 파고들어 잠을 청해요.

알락꼬리여우원숭이
(마다가스카르)

알락꼬리여우원숭이는 냄새로 싸움을 해요!
털의 냄새나는 부분에 꼬리를 문질러서 서로에게 흔들어요.

독수리

**독수리는 종종 너무 많이 먹기도 해요.
그럴 때면 몸이 무거워져 날지도 못한답니다!**

독수리 무리가 하늘 위에서 원을 그리며 날고 있다면 근처에 동물 사체가 있다는 뜻이에요. 독수리는 따스한 공기의 흐름을 타고 빙글빙글 돌며 자신들이 좋아하는 먹이인 죽은 동물이 없는지 땅을 샅샅이 살펴본답니다. 가장 좋은 먹이를 차지하기 위해 서로 옥신각신하다가 거대한 부리로 고기를 찢고 뼈를 으스러뜨려요.

독수리는 대체로 대머리예요. 얼굴에 있는 깃털은 뱀처럼 긴 목을 사체 속으로 쑥 집어넣을 때 피로 뒤덮이지요. 민머리는 덥거나 추울 때 체온을 쾌적하게 유지하는 데 도움이 되어요. 사람들은 독수리가 더럽다고 생각할 때도 있지만, 죽은 동물을 깔끔하게 치워 주는 독수리가 없다면 아마 우리 지구는 훨씬 더 지저분해졌을 거예요.

루펠독수리
(북아프리카, 동아프리카)

라쿤

**라쿤은 자주 낚시를 즐겨요.
물에서 물고기를 바로 꺼내는 법을 잘 알거든요!**

라쿤을 보고 있으면 꼭 가면을 쓴 것 같다는 생각이 들 거예요. 얼굴에 장난기가 가득한 이 포유류는 손을 쓸 줄 아는 매우 영리한 동물이랍니다. 문도 열 수 있고요, 상자 뚜껑을 휙 열 줄도 알아요. 야외 쓰레기통 속에 쏙 들어가기도 하고요. 어떤 라쿤은 사람들의 도시락을 훔치거나 집으로 몰래 들어와 음식을 가져가기도 해요! 라쿤은 눈에 보이는 것이라면 뭐든 기꺼이 먹는답니다.

라쿤은 캐나다와 미국에서 흔히 볼 수 있어요. 옛날에는 주로 숲이나 풀숲 사이에서 살았지만, 지금은 대부분 사람들이 사는 마을로 이동했어요. 라쿤은 높은 곳에도 곧잘 올라가기 때문에 벽을 타고 올라가 다락에 집을 만들 수도 있답니다. 밤이 되면 으르렁거리고 낑낑 소리를 내요. 그래서 어떤 사람들은 라쿤을 성가시고 유해한 동물이라 생각하지요.

미국라쿤(북아메리카, 중앙아메리카)

라일날여우박쥐
(동남아시아)

박쥐

많은 사람들이 박쥐를 보면 오싹하다 느껴요. 그리고 할로윈에는 어른 아이 할 것 없이 모두 박쥐 복장을 하고 다니지요. 하지만 박쥐는 매우 신기한 동물이에요. 날 수 있는 유일한 포유류이고요. 손가락 사이에 있는 얇은 막은 손을 날개로 바꾸어 줍니다. 밤이 되면 벌레를 먹는 박쥐들이 나방과 벌레 들을 향해 카랑카랑한 소리를 내요. 박쥐가 내는 소리는 메아리로 되돌아오며 먹잇감을 찾는 데 도움을 준답니다.

모든 박쥐가 벌레를 먹는 것은 아니에요. 여우박쥐는 과일을 좋아하는 거대한 박쥐인데, 특히 망고와 바나나를 좋아해요. 낮에는 거꾸로 매달려 날개로 이불처럼 몸을 감싸고 잠을 자요. 여러 마리가 나뭇가지에 주르륵 매달려 있는 모습은 마치 크리스마스트리에 달린 장식 같답니다!

라일날여우박쥐의 날개폭은 90센티미터나 되어요. 일반적인 방문 폭보다 더 넓답니다.

줄무늬스컹크
(북아메리카)

스컹크

스컹크는 3미터 떨어진 목표물까지 냄새 폭탄을 날릴 수 있어요.

여러분은 복슬복슬한 스컹크가 쓰다듬기 참 좋을 거라고 생각하겠지요. 하지만 정작 쓰다듬으려 하면 아마 끔찍하게 놀라운 일이 벌어질 거예요. 스컹크의 하얀 줄무늬는 더 큰 동물들에게 자기를 내버려 두라는 경고와 같답니다. 포식자가 가까이 다가가면 스컹크는 꼬리 밑에서 냄새가 지독한 노란 액체를 찍 뿜어내요. 분무기처럼 뿜어내는 냄새 고약한 물질은 포식자에게 고통을 안겨 주고 한동안 앞이 보이지 않게 만들 수도 있어요. 그리고 이 지독한 냄새는 몇 주가 지나도 없어지지 않는답니다!

스컹크도 냄새를 뿌리는 것을 좋아하지는 않아요. 그래서 우선 경고를 보냅니다. 쉿 소리를 내거나 발을 쿵쿵 구르고, 하얀 꼬리를 이리저리 흔들어요. 그리고 물구나무서기를 하며 이리저리 춤을 추지요. 보통은 포식자가 이 경고를 알아듣고 자리를 떠난답니다.

홍연어는 고향으로 돌아가기 시작할 때 몸이 은색이지만, 여행을 끝마칠 즈음에는 밝은 빨강에 머리는 녹색으로 바뀌어요.

홍연어(태평양)

연어

연어에게 삶은 기나긴 여행이에요. 개울이나 호수에서 태어나 살다가, 약 1년이 지나면 어린 물고기가 되어 바다를 향해 강을 따라 내려가요. 그리고 몇 년 동안 작은 물고기를 잡아먹으며 성장합니다. 그러다 어느 여름날, 고향으로 돌아가겠다고 마음먹지요.

고향으로 돌아가는 연어에게는 위험한 여정이 기다리고 있어요. 강력하게 흐르는 물줄기와 싸우며 폭포 위를 힘차게 뛰어올라야 합니다. 그리고 배고픈 곰도 피해야 해요. 이 모든 위험에서 벗어났다면 연어는 다른 수천 마리 연어들과 함께 자신이 부화했던 곳으로 돌아옵니다. 이제 연어는 알을 낳을 수 있어요. 홍연어는 새끼를 낳은 후 완전히 녹초가 되어 죽고 맙니다. 연어들의 경이로운 여행은 여기서 끝을 맺지만, 또 다른 삶이 시작됩니다.

앵무새

열대 우림의 나뭇잎 사이로 밝은색이 어렴풋이 보인다면 아마 앵무새일 거예요. 앵무새가 까악 하고 소리 지른다면 확실하게 알 수 있고요. 앵무새는 잘 익은 과일을 찾는 동안 요란하게 날개를 펄럭이며 날아다녀요. 그중에서도 가장 크고 시끄러운 앵무새는 금강앵무예요. 커다란 부리로 가장 단단한 견과류도 문제없이 깨뜨려 먹을 수 있지만, 과일 껍질을 살살 벗겨 낼 줄도 안답니다.

금강앵무는 세상에서 가장 영리한 새 중에 하나예요. 어떤 앵무새는 인간의 말을 따라 할 줄도 안답니다! 멕시코와 중앙아메리카에 살던 마야인들 사이에서 전해져 내려오는 신화 속에서는 '부쿠브 카키스'라고 불리는 위풍당당한 금강앵무가 등장해요. 금강앵무는 세상을 다스리려 했지만 용감한 형제에게 패배하고 말았답니다.

**금강앵무는 진흙을 먹어요!
왜 진흙을 먹는지는 아직 확실히 밝혀지지 않았어요.
아무래도 소금을 얻으려고 먹는 것일지도 몰라요.**

청금강앵무
(남아메리카)

쿼카는 매우 보기 힘든 동물이에요.
쿼카를 볼 수 있는 가장 좋은 방법은
오스트레일리아 서부에 있는 로트네스트라는 섬에 가는 거예요.

쿼카

쿼카가 씩 웃는 모습을 한번 보세요! 왜 쿼카를 두고 세상에서 가장 행복한 동물이라고 부르는지 바로 알게 될 거예요. 하지만 진짜로 웃는 것은 아니에요. 그냥 생김새가 그렇게 보일 뿐이랍니다. 쿼카는 캥거루와 같이 유대목이라 부르는 포유류의 일종이에요. 하지만 크기는 뚱뚱한 토끼와 비슷하지요. 캥거루와 달리 쿼카는 나무를 타는 데 꽤 능숙해요. 오스트레일리아에 사는 원주민 중 일부가 이 동물을 가리켜 '과카'라 불렀는데, 이 이름이 그 후에 쿼카가 되었답니다.

쿼카는 보통 식물을 먹어요. 먹이를 일단 삼킨 후, 다시 게워 내고 두 번 씹지요. 왜 그러느냐고요? 거친 나뭇잎에서 영양분을 더 많이 짜내려는 것으로 보여요.

쿼카
(오스트레일리아)

다람쥐원숭이

다람쥐원숭이는 순서대로 서로의 털을
골라 주며 친구를 사귀어요.

다람쥐원숭이(남아메리카)

어린 다람쥐원숭이는 노는 것을 무척이나 좋아해요. 그중에서도 뜀박질하거나 잡기 놀이를 하고, 다 큰 다람쥐원숭이의 꼬리를 잡고 노는 것을 가장 좋아하지요. 다람쥐원숭이는 모든 원숭이 중 몸 크기에 비해 뇌 용량이 가장 크답니다. 인간처럼 원숭이도 놀면서 배워요. 보통은 40마리 정도 모여 살지만, 많게는 200마리 이상이 함께 살 때도 있어요.

다람쥐원숭이는 나무 위에서 새들처럼 짹짹거리며 소통해요. 맛난 과일과 벌레를 발견하면 나머지 무리가 둥글게 모이지요. 다람쥐원숭이는 다른 원숭이들이 따라올 수 있도록 손에 오줌을 묻혀 가던 길 뒤로 냄새를 조금씩 남겨요.

비스카차

남아메리카의 높다란 산맥은 비스카차의 왕국이에요. 비스카차는 토끼 같은 몸에 쫑긋한 귀가 있고, 캥거루와 다리가 비슷하며, 다람쥐처럼 꼬리가 길어요. 하지만 사실 가장 가까운 종은 친칠라랍니다. 기다란 뒷다리 덕분에 이 바위에서 저 바위로 뛰어오를 수 있고 가파른 절벽도 쉽게 올라갈 수 있어요.

산 정상에 가까워질수록 공기가 차가워지고 바람도 매섭게 불어요. 비스카차는 두꺼운 털이 있어서 체온을 따뜻하게 유지할 수 있답니다. 오전에는 눈을 감은 채 햇볕을 쬐며 몇 시간이고 보내요. 수백 년 전에 잉카인들은 비스카차의 보드라운 털로 옷을 만들어 입고는 했답니다.

**비스카차는 흙구덩이 위를 구를 때가 많아요.
벌레를 털어 낼 수 있는 가장 확실한 방법이지요!**

산비스카차
(남아메리카 서부)

얼룩무늬파랑비늘돔
(인도양, 서태평양)

치어   암컷

수컷

파랑비늘돔

으드득… 와그작와그작… 산호초 주위를 헤엄치고 있다 보면 파랑비늘돔이 먹이를 먹는 소리가 들릴지도 몰라요. 파랑비늘돔은 날카로운 부리로 암석에 붙은 해초 같은 조류를 긁어서 씹어 먹어요. 그럼 이 소리는 뭐냐고요? 파랑비늘돔이 조류를 긁어낼 때, 딱딱한 산호를 동시에 우적우적 먹느라 내는 소리예요. 산호는 물고기의 몸을 거쳐 모래로 잘게 쪼개져요. 바닷가의 하얀 모래는 사실 파랑비늘돔의 똥인 셈이죠!

얼룩무늬가 특징인 파랑비늘돔은 어렸을 때에는 색깔이 주황색과 흰색으로 이루어져 있지만, 자라면서 갈색이 되고 암컷으로 바뀌어요. 하지만 변신은 여기서 끝나지 않는답니다. 암컷은 여기서 더 자라서 색깔이 알록달록해지고 수컷으로 바뀌어요!

어떤 파랑비늘돔은 밤이 되면 점액을 뿜어내어 이불처럼 덮고 자요!

코알라

여러분은 아마 코알라가 나무의 갈라진 틈 사이에서 쿨쿨 자는 모습만 주로 보게 될 거예요. 코알라는 하루에 20시간 정도 잠을 자거나 마냥 앉아 있기만 하거든요! 멀쩡히 깨어 있을 때에도 주로 나무에 달라붙어서 먹기만 해요. 코알라는 입맛이 까다로워요. 유칼립투스라 부르는 고무나무의 잎사귀만 좋아한답니다. 나뭇잎에는 에너지가 그다지 많지 않기 때문에 코알라는 하루 종일 꾸벅꾸벅 졸기만 해요.

코알라가 곰의 일종이라고 생각하는 사람들도 있지만, 사실 아니랍니다. 유대목이라고 하는 포유류에 속해요. 갓 태어난 코알라는 크기가 젤리 과자 정도밖에 되지 않고 앞을 보거나 듣지 못해요. 그래서 어미 코알라는 캥거루처럼 배에 달린 주머니에 새끼를 넣고 다녀요.

코알라는 오스트레일리아 원주민이 쓰는 언어 중 하나로
'마시지 않는다'라는 뜻이에요. 잎사귀를 먹으면
코알라가 하루에 필요한 수분을 대부분 얻을 수 있답니다.

코알라(오스트레일리아 동부)

유라시아수리부엉이
(유럽, 아시아)

부엉이

칠흑같이 어두운 밤, 부엉이는 사냥을 하러 떠납니다. 커다란 눈으로 빛이 거의 없는 가운데서도 움직임을 포착할 수 있어요. 부엉이는 눈을 움직일 수 없기 때문에, 다른 방향을 보기 위해 고개를 완전히 돌려요. 거의 한 바퀴 정도 머리를 돌릴 수 있답니다! 예민한 귀는 깃털 속에 숨어 있어요. 수리부엉이와 같이 귀처럼 보이는 술은 사실 깃털 다발이랍니다.

수리부엉이는 부엉이 중 가장 커요. 소리 없이 휙 내려와서 여우나 어린 사슴처럼 커다란 먹잇감을 낚아챕니다. 날개 끝이 아주 부드럽기 때문에 소리 없이 날 수 있어요. 그리고 구부러진 갈고리발톱으로 먹잇감을 꽉 잡아서 옮긴답니다.

**고대 그리스에서 지혜의 여신 아테나는
부엉이의 모습을 하고 있을 때가 있어요.**

나무늘보

나무늘보는 열대 우림 위에 높이 매달려 있을 때 가장 행복해요. 구부러진 발톱으로 나뭇가지를 붙잡으며 느릿느릿 나무 사이를 옮겨 다니지요. 이렇게 같은 나무에 매달린 채로 몇 시간이고 시간을 보낸답니다. 게을러서 그런 게 아니에요. 잎사귀와 나뭇가지를 소화하는 데 시간이 오래 걸리기 때문이랍니다.

갈색목세발가락나무늘보와 같이 발가락이 세 개 달린 나무늘보에게는 두껍고 덥수룩한 털이 있어요. 식물성 조류가 나무늘보의 털에서 자라면서 털의 색깔을 녹색으로 바꾸고, 심지어 나무늘보나방의 보금자리가 되어 주기도 해요. 일주일에 한 번 정도 나무늘보는 나무 아래로 내려가는 기나긴 여행을 해요. 왜 그러는 걸까요? 화장실에 가야 하거든요!

놀랍게도 나무늘보는 헤엄을 무척이나 잘 쳐요.
개헤엄을 치듯이 수영하며 강을 건넌답니다.

갈색목세발가락나무늘보
(중앙아메리카,
남아메리카)

페넥여우
(북아프리카)

페넥여우는 집에서 키우는 일반적인 고양이보다 더 작아요. 몸무게도 덜 나간답니다.

여우

이야기 속에서는 교활하고 속임수를 잘 쓰는 여우가 자주 등장해요. 물론 여우는 실제로 그렇지 않아요. 청각과 후각이 놀라울 정도로 뛰어나긴 하지만요. 여우는 30미터 떨어진 곳에서 쥐가 찍찍거리는 소리도 들을 수 있답니다!

가장 흔히 볼 수 있는 여우는 붉은여우로, 해가 지고 난 후 도시를 살금살금 돌아다니고는 하지요. 하지만 가장 작은 여우는 페넥여우예요. 페넥여우는 사막에 사는데, 새하얀 털은 모래와 구별하기 힘들게 만들어 준답니다. 가냘픈 몸은 더위를 식히는 데 제격이고요, 커다란 귀는 불타오를 듯 뜨거운 사막의 햇볕 아래 열을 내보내는 데 도움을 준답니다. 그리고 발바닥에는 털이 있어 뜨거운 사막 모래에 데이지 않게 해 주어요.

북극토끼(캐나다, 그린란드, 북극)

토끼

토끼는 기다란 뒷다리로 누구보다도 빠르게 달립니다. 최고 시속 75킬로미터로 땅을 박차고 달리며 위험을 피할 수 있어요. 세계에서 가장 빠른 사람이 최고 시속 45킬로미터까지 달릴 수 있다고 해요. 그리고 유난히 큰 귀 덕분에 멀리에 있는 위험도 재빨리 알아챌 수 있어요. 그래서 빨리 몸을 피할 수 있답니다.

북극토끼는 몹시 추운 북쪽 지역에 사는데, 이곳에는 나무가 없어요. 하지만 영리한 속임수를 쓴답니다. 여름에는 털 색깔이 갈색이나 회색이지만 겨울이 되면 털색이 눈과 얼음과 비슷한 하얀색으로 바뀌어요. 그러면 천적이 제대로 찾을 수 없게 되지요. 북극토끼의 주요 천적은 북극여우와 흰올빼미예요. 둘 다 겨울에 하얗게 변한답니다!

끔찍한 눈보라가 찾아오면 북극토끼는 눈을 파서 피난처를 만들고는 그 안에 들어가 추위를 피한답니다.

키위

키위는 둥글둥글한 몸매에 통통하고 복슬복슬해요. 날개는 없어져서 보이지 않고, 실제로 날지도 못한답니다. 뉴질랜드가 키위의 고향인데, 이곳에 사는 마오리인들 사이에서 어쩌다 키위의 날개가 사라졌는지 알려 주는 이야기가 전해져 내려와요. 숲의 신이 모든 새들에게 하늘에서 내려와 나무를 공격하는 벌레를 잡아먹으라고 요청했대요. 이 요청을 받아들여 날개를 포기하고 신을 도운 유일한 새가 키위였다고 해요.

키위는 밤에 사냥해요. 시력이 형편없어서 냄새와 느낌으로 이리저리 기어다니는 벌레를 잡아먹어요. 특이하게도 키위의 코는 부리 끝에 있어서, 냄새로 먹이를 찾으러 다닐 때 끊임없이 땅을 콕콕 찌른답니다.

키위는 수줍음이 많아 보이지만, 생각보다 만만치 않아요. 날카로운 발톱을 마구 차고 휘두를 수 있답니다.

북부갈색키위
(뉴질랜드 북섬)

수컷 오리너구리의 뒷다리에는 독이 있는 날카로운 발톱이 있어요.
오리너구리에게 괜히 긁히고 싶지 않겠군요!

오리너구리
(오스트레일리아 동부)

오리너구리

해달 같은 몸집에 오리처럼 부리와 물갈퀴가 있는 발, 그리고 비버 같은 꼬리. 오리너구리만이 가지고 있는 특징이랍니다. 오스트레일리아 밖에 사는 사람들이 오리너구리를 처음 보고는 이런 특이한 포유류가 실제로 있는 동물인지 눈을 의심했다고 해요.

오리너구리는 고무같이 특이한 부리를 탐지기로 사용해요. 부리를 물속에서 이리저리 저어서 강바닥에 숨어 있는 생명체의 아주 작은 전기 신호를 찾아내지요. 진흙 속에 지렁이가 숨어 있다고요? 문제없어요. 바위틈에 숨은 새우라고요? 맡겨만 주세요. 다 자란 오리너구리는 이빨을 쓰는 대신 부리의 단단한 부분으로 먹이를 갈아 먹는답니다. 더 희한한 점은, 포유류는 대개 새끼를 낳지만 오리너구리는 알을 낳는다는 거예요!

팬서카멜레온
(마다가스카르)

카멜레온

피부 색깔을 바꿀 수 있다는 능력 하나만으로도, 카멜레온은 동물의 왕국에서 최고의 마법사 중 하나라고 할 수 있어요. 카멜레온은 "나 화났어!" 등 다른 카멜레온에게 의사 표현을 할 때나 체온을 조절할 때 피부색을 바꿀 수 있답니다. 대부분 숲에 살고 나무를 무지무지 잘 타요. 유연한 꼬리로 나뭇가지를 둘둘 말고 무엇이든 꽉 잡을 수 있는 발로 나무 사이를 유유히 옮겨 다니지요.

카멜레온의 숨겨진 비밀은 새총처럼 튕겨 나갈 수 있는 기다란 혀에 있어요. 벌레나 거미를 향해 혀를 쏜살같이 내밀어 정확히 맞히지요. 덥석! 끈적끈적한 혀끝으로 먹잇감을 잡고는 곧장 끌고 와 입속에 넣어요.

카멜레온은 주변 색 모두에 일일이 맞출 수는 없지만, 어떤 카멜레온은 자연 환경과 비슷하게 색깔을 바꾸어 몸을 숨기기도 해요.

독도마뱀

이런 괴물이 정말로 있겠냐는 생각이 들겠지만, 독도마뱀은 멕시코와 미국의 모래사막에 정말로 몸을 숨기고 있답니다. 하지만 걱정할 필요는 없어요. 사실은 괴물이 아니라 도마뱀이니까요. 피부는 알록달록 빛이 나는 구슬처럼 덮여 있는데, 이렇게 딱딱한 비늘은 공격으로부터 몸을 보호하는 역할을 한답니다.

독도마뱀은 혀를 바깥에 내놓고 공기 중에 떠다니는 먹잇감의 맛을 느껴요. 작은 동물과 새의 알을 가장 좋아하지요. 먹잇감에게 다행이게도, 독도마뱀은 꼬리에 지방을 저장해 놓아요. 낙타가 혹에 지방을 저장하는 것과 같은 원리예요. 그래서 1년 중 겨우 대여섯 번만 먹이를 찾아다녀도 된답니다.

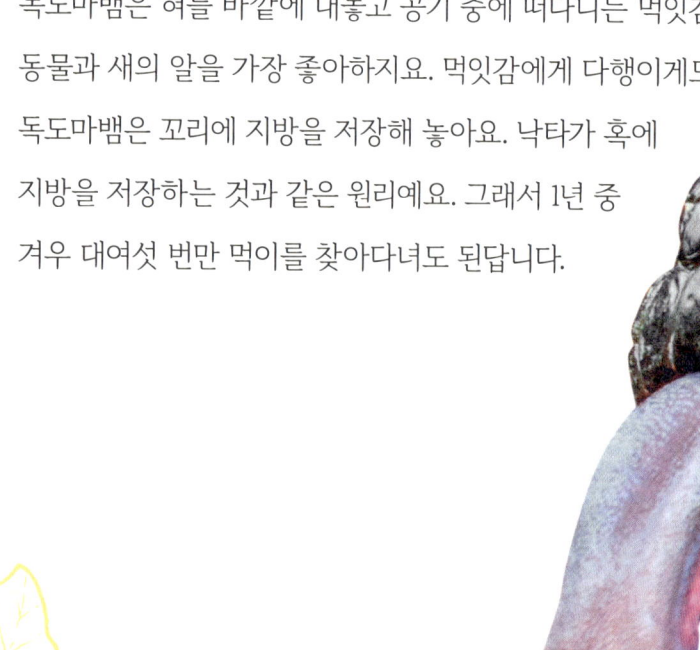

독도마뱀
(멕시코, 미국 남부)

독도마뱀의 이빨에는 엄청난 고통을 일으킬 정도로 강력한 독이 있지만, 사람을 죽일 정도로 치명적이지는 않아요.

미어캣

미어캣은 똑바로 서서 일광욕을 해요.
눈 주위의 어두운 털은 선글라스와 같은
역할을 한답니다.

미어캣은 무리를 지어 일사분란하게 움직여요. 한 무리 안에 최대 40여 마리가 함께 생활하지요. 대부분 새끼를 돌보는 일을 맡아요. 어른들은 순서를 돌아가며 망을 보는 일도 하지요. 뒷다리를 딛고 똑바로 서거나 바위 위에 올라가서 보다 먼 곳까지 시야를 확보해요.

미어캣에게는 나름대로의 특별한 언어가 있어요. 찍찍, 끽끽, 꽥꽥, 컹컹 소리를 말처럼 내뱉는답니다. 한 번 짖으면 하늘 위에 매와 독수리처럼 위험한 것이 있다는 뜻이에요. 또 다른 컹 소리는 땅에 뱀이나 들개가 있다는 말이지요. 미어캣은 모두 저마다 다른 소리를 내기 때문에 자신의 친구가 누구인지 구분할 수 있답니다.

미어캣(남아프리카)

피라냐

강에 사는 생명체라면 조심! 파라냐의 입에는 희고 뾰족한 이빨로 꽉 들어차 있어요. 게다가 입에 들어가는 것은 무엇이든 어마어마한 힘으로 입을 꽉 다물어 버리고 으스러뜨려 버린답니다. 피라냐가 티라노사우루스와 크기가 같다고 가정해 보아요. 누구의 무는 힘이 더 셀까요? 바로 피라냐랍니다! 무시무시한 데다 빠르기까지 한 이 작은 물고기는 남아메리카의 강 속에 숨어 살아요. 서로 눈싸움을 하며 누가 더 무서운지 눈치를 살펴요.

붉은배피라냐는 다른 물고기를 즐겨 먹어요. 물고기 살을 덥석 물거나 작은 물고기를 통째로 삼켜 버리지요. 하지만 또 어떤 피라냐는 육식을 그다지 즐기지 않아요. 고기도 먹지만 식물과 강에 떨어진 과일을 우적우적 씹어 먹는 걸 더 좋아해요.

**피라냐는 개처럼 짖어요.
이 특이한 소리는 입으로 내는 것이 아니고 배 깊은 곳에서 나온답니다.**

붉은배피라냐
(남아메리카)

무지개왕부리새
(중앙아메리카)

큰부리새는 잠을 잘 때
목을 완전히 뒤로 돌려서
커다란 부리를 등 위에 올려놓아요.

큰부리새

큰부리새의 부리를 보세요. 아스테카인들이 왜 큰부리새의 부리가 무지개로 만들어졌다고 생각했는지 금세 알 수 있어요. 알록달록한 부리가 정말 크지요. 이 아름다운 새가 움직일 수나 있을까 궁금할 거예요. 사실 큰부리새의 부리는 얇고 안은 텅 비어 있답니다. 그래서 매우 가벼워요. 부리 끝이 뾰족한 덕분에 나무에 달린 과일을 따 먹을 때 아주 좋아요. 하지만 음식을 삼킬 때에는 기술이 조금 필요해요. 정글의 곡예사가 되어 먹이를 공중에 던진 다음, 입을 잽싸게 벌려 잡아야 한답니다. 꿀꺽! 큰부리새는 무리를 자그마하게 이루어 사는데, 나무 사이를 뛰어다니는 동안 개구리처럼 개굴거리며 우렁찬 소리로 다른 식구들을 불러요.

육지거북

육지거북은 동물의 세계에서 탱크와 같아요. 느리고 굼뜨지요. 하지만 이 파충류 녀석은 빨리 갈 필요가 전혀 없답니다. 두꺼운 등껍질은 무거운 방패가 되어 주어요. 만약 누군가가 육지거북을 공격하려 한다면, 머리와 다리를 등껍질 속에 쏙 집어넣고, 위험이 사라질 때까지 눈치를 살펴요. 실제로 전 세계 곳곳에는 끈기가 많은 거북이 까불까불하고 날랜 토끼와 달리기 시합을 한다는 이야기가 전해져 내려옵니다. 그리고 거북이 시합에서 이기지요!

남아메리카에 사는 붉은발육지거북은 50센티미터까지 자라지만, 어떤 섬에서는 호랑이만큼이나 커다란 거대 육지거북도 있어요. 힌두교에는 등껍질 위에 온 세상을 다 얹고 다닌다는 어마어마한 거북 이야기가 있답니다.

육지거북은 무척이나 오래된 동물이에요.
약 2억 년 전 공룡이 지구를 지배했을 때 처음 나타났답니다.

붉은발육지거북
(남아메리카)

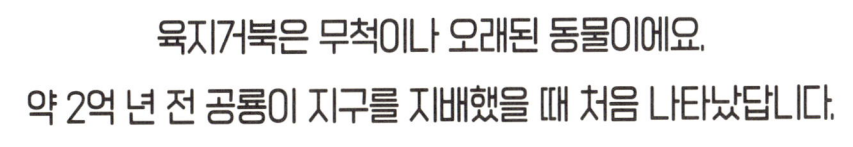

무족영원

이 동물을 보고 지렁이라고 생각할 수 있어요. 하지만 입에 이빨이 잔뜩 박혀 있기 때문에 지렁이가 아닌 '영원'이랍니다.
무족영원은 개구리와 같은 양서류예요. 이 희한한 동물을 실제로 본 사람은 많지 않아요. 주로 땅속에 굴을 파고 살거나 뱀장어처럼 꿈틀꿈틀 흙 속을 기어 다니거든요.

무족영원은 팔이나 다리가 없어요. 앞을 잘 볼 수도 없답니다. 눈이 아예 없는 무족영원도 있어요. 그래서 주변을 느끼거나 냄새를 맡으며 돌아다녀요. 일부 무족영원은 알을 낳지만, 베라구아무족영원처럼 매우 이상한 방법으로 새끼를 낳는 경우도 있어요. 바로 피부에서 새끼를 낳는 거랍니다! 새끼들은 어미의 피부를 조금 뜯어 먹고, 다시 자라기를 기다려요.

무족영원은 땅 위로 나오는 일이 별로 없어요.
거의 평생을 땅속에서 보낸답니다.

베라구아무족영원
(중앙아메리카)

날치

물고기가 날지 못한다는 것은 누구나 알아요. 하지만 정확한 사실은 아니랍니다. 운이 좋다면, 이 세상 어디에선가 푸른 몸을 태양 아래 반짝이며 파도 위를 스치는 날치를 볼 수 있을지도 몰라요. 날치는 꼬리를 바르게 움직여 공중으로 날아오르고 날개처럼 생긴 지느러미를 활짝 펴서 미끄러져요. 하지만 재미로 이렇게 날아오르는 것은 아니랍니다. 굶주린 돌고래에 쫓길 때와 같이 수면 아래에 위험이 들이닥칠 때 피하려고 하는 행동이에요.

태평양의 란위섬에 사는 타오인들은 이 멋진 물고기를 기리는 축제를 정성껏 열어요. 타오인들의 달력에는 계절이 세 개 나온답니다. 하나는 날치가 찾아올 때이고, 또 하나는 날치가 떠날 때, 나머지는 날치가 아예 없을 때예요.

**날치는 물속으로 풍덩 빠지기 전에
축구장 네 개의 길이보다 더 멀리 미끄러질 수 있어요.**

베넷날치
(전 세계 열대 바다)

표범도마뱀붙이
(남아시아)

날도마뱀붙이
(동남아시아)

도마뱀붙이

천장에서 여러분을 보고 있는 게 뭘까요? 도마뱀붙이 아닌가요? 도마뱀붙이는 보통 해가 지고 난 후 벌레를 잡으러 나와요. 발바닥은 쿠션처럼 푹신푹신해서 무엇이든 잡을 수 있답니다. 발바닥에는 수많은 섬모가 달려 있어 어떤 표면이든 단단히 붙어 있을 수 있어요. 그래서 미끄러운 유리나 반짝이는 금속 위도 후다닥 올라갈 수 있지요. 심지어 천장에도 거꾸로 붙어서 달릴 수 있답니다. 과학자들은 도마뱀붙이의 발을 연구해서 새로운 물질을 만들었어요. 이렇게 해서 사람들이 벽 위를 타고 오를 수 있는 엄청나게 끈끈한 섬유를 개발했답니다.

대부분의 도마뱀붙이는 알록달록하지만, 어떤 도마뱀붙이의 무늬는 나무껍질과 비슷해서 숨을 때 유용해요. 밤이 되면 꽥꽥, 짹짹 하고 울어요.
토케이도마뱀붙이는 '토케이!' 하고 울어서 이름이 이렇게 지어졌답니다.

청록색난쟁이도마뱀붙이
(탄자니아)

대부분의 도마뱀붙이에게는 눈꺼풀이 없어요.
그래서 커다란 눈을 핥아서 촉촉하고
청결하게 유지한답니다.

마다가스카르초록도마뱀붙이
(마다가스카르)

토케이도마뱀붙이
(남아시아, 동남아시아)

납작꼬리도마뱀붙이
(마다가스카르)

나뭇잎해룡(오스트레일리아)

해룡

해룡은 바다에서 가장 이상한 동물 중 하나예요. 특히 잎사귀처럼 생긴 모습이 물고기보다는 해초에 가까워 보여요. 펄럭이는 피부가 마치 흔들리는 나뭇가지 같아서 다른 물고기들이 깜빡 속아 넘어가게 만들지요. 게다가 해초처럼 물속에서 둥둥 떠다니기 때문에 포식자들은 해룡인지 모르고 그냥 지나갈 수도 있어요. 해룡의 입에는 관이 있어서 새우와 작은 플랑크톤을 빨아들이는 데 안성맞춤이랍니다.

해룡은 해마의 친척이에요. 해마처럼 해룡도 아빠가 알을 돌보아요. 아빠 해룡 한 마리마다 엄마 해룡이 낳은 알 약 200개 정도를 품어요. 알은 부화할 때까지 아빠 해룡의 나뭇잎 같은 꼬리에 안전하게 붙어 있어요.

수컷 나뭇잎해룡의 꼬리가 노란색으로 변하면 알을 품을 준비가 되었다는 뜻이에요.

코뿔바다오리
(북대서양)

바다오리

겨울이 되면 바다오리의 부리에서 알록달록한 부분이
떨어져 나가며 칙칙한 회색 부분만 남아요.

바다오리는 다채로운 부리와 밝은 주황색 발 덕분에 아주 멋쟁이로 보여요. 육지에서는 우스꽝스러운 모습으로 뒤뚱뒤뚱 걷는데, 이런 모습과 밝은 색깔 때문에 바다오리를 가리켜 '바다의 어릿광대'라고도 부른답니다. 바다오리들이 서로에게 화가 날 때에는 부리를 크게 벌린 채 발을 쿵쿵거려요.

겨우내 대서양바다오리는 눈보라와 거대한 파도에 맞서야 해요. 마침내 봄이 찾아오면 절벽으로 돌아와 둥지를 만듭니다. 부모 바다오리는 굴을 파거나 토끼 굴을 재활용하여 그 안에 새끼 바다오리 한 마리를 길러요. 솜털이 보송보송한 새끼 바다오리는 부모보다 더 통통하게 자랄 거예요. 부모는 은빛으로 반짝이는 물고기를 빈틈없이 한가득 부리에 물고 온답니다.

독사고기의 이빨은 투명해요.
그래서 먹잇감에게는 거의 보이지 않지요.

독사고기

바다 가장 깊은 곳은 한밤중같이 캄캄해요. 이렇게 쓸쓸하고 차가운 물속에서 정말 보기 힘든 생김새를 가진 물고기를 만날 수 있어요. 그중 하나가 무시무시하게 생긴 독사고기랍니다. 독사고기는 커다란 이빨 때문에 '송곳니물고기'라고도 불려요.

독사고기는 사나운 사냥꾼이에요. 커다란 눈으로 앞을 잘 볼 수 있는 데다가, 등 위에 달린 기다란 가시 끝에도 불이 달려 있어요. 독사고기는 불을 껐다 켰다 하며 새우와 작은 물고기 등 먹잇감을 유인하지요. 어둠 속에서 먹잇감들이 가까이 다가가다가 정체를 알아차리지만… 이미 늦었어요. 꿀꺽! 독사고기는 먹잇감을 한 번에 삼킬 수 있을 정도로 입을 쩍 벌릴 수 있답니다.

독사고기(전 세계)

믿기 힘들겠지만,
고슴도치는 나무에 오를 수 있어요.

고슴도치

고슴도치는 머리끝부터 발끝까지 가시로 뒤덮여 있어요. 사실 이것은 고슴도치만의 뾰족한 털이랍니다. 그리고 여러분이 너무 가까이 다가간다면 고슴도치는 뾰족한 공처럼 몸을 둥글게 말아 자신을 보호해요. 어린 고슴도치는 가시가 없이 맨몸으로 태어나지만, 분홍빛 몸에서 단 몇 시간 만에 가시가 돋아난답니다.

유럽고슴도치는 어둠이 내려앉은 후 일어나 기어다니는 벌레를 찾아서 우적우적 씹어 먹어요. 겨울이 되면 깊은 겨울잠에 들어갑니다. 무려 다섯 달 동안이나 겨울잠을 자니까 고슴도치 집에 놀러 가고 싶지는 않을 거예요! 겨울잠을 자는 동안 고슴도치의 체온은 섭씨 6도까지 떨어져요. 냉장고보다 약간 더 높은 온도지요.

유럽고슴도치(유럽)

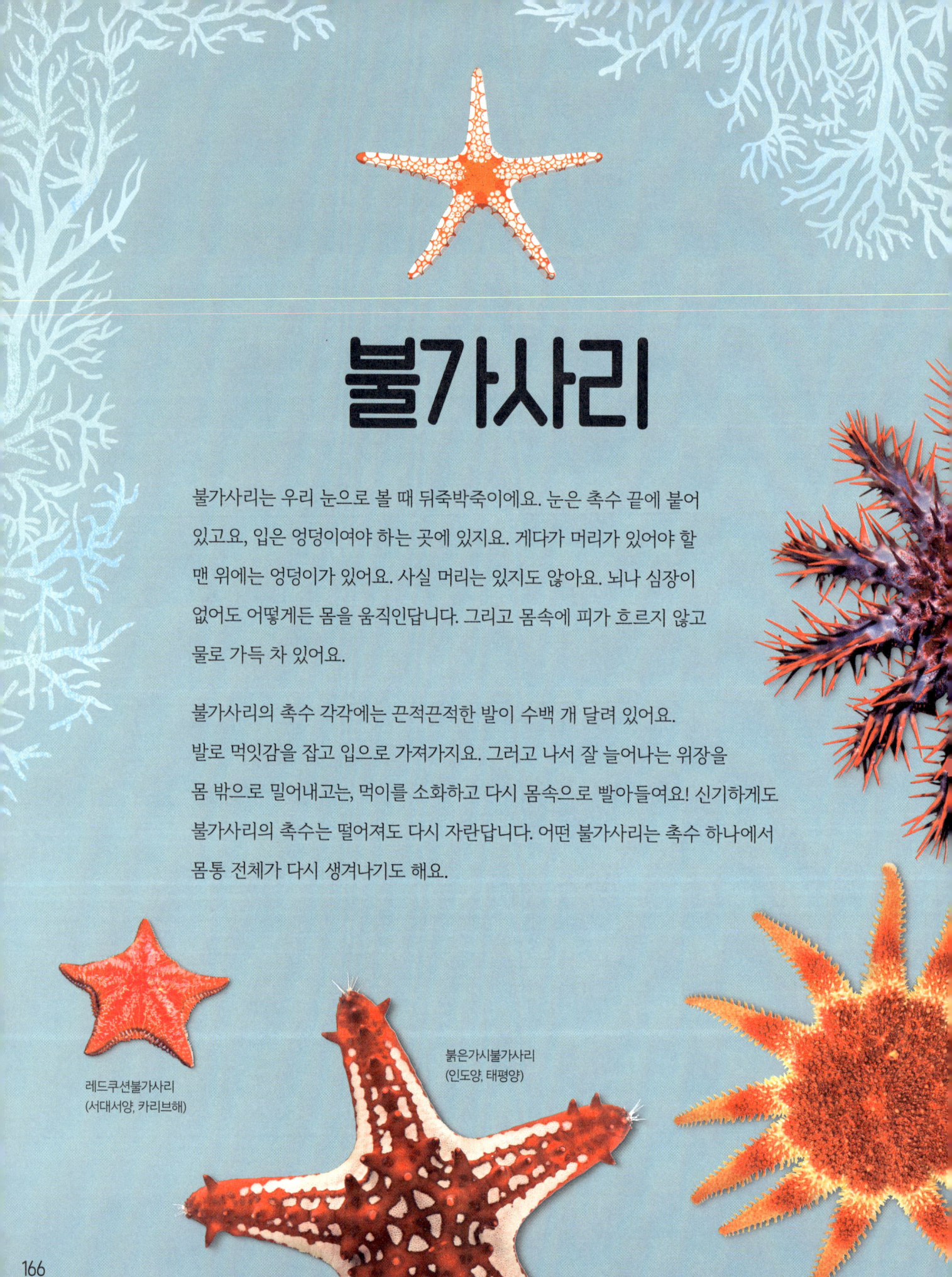

불가사리

불가사리는 우리 눈으로 볼 때 뒤죽박죽이에요. 눈은 촉수 끝에 붙어 있고요, 입은 엉덩이여야 하는 곳에 있지요. 게다가 머리가 있어야 할 맨 위에는 엉덩이가 있어요. 사실 머리는 있지도 않아요. 뇌나 심장이 없어도 어떻게든 몸을 움직인답니다. 그리고 몸속에 피가 흐르지 않고 물로 가득 차 있어요.

불가사리의 촉수 각각에는 끈적끈적한 발이 수백 개 달려 있어요. 발로 먹잇감을 잡고 입으로 가져가지요. 그러고 나서 잘 늘어나는 위장을 몸 밖으로 밀어내고는, 먹이를 소화하고 다시 몸속으로 빨아들여요! 신기하게도 불가사리의 촉수는 떨어져도 다시 자란답니다. 어떤 불가사리는 촉수 하나에서 몸통 전체가 다시 생겨나기도 해요.

레드쿠션불가사리
(서대서양, 카리브해)

붉은가시불가사리
(인도양, 태평양)

파랑불가사리
(인도양, 태평양)

돌기불가사리
(인도양, 태평양)

대부분의 불가사리는 촉수가 5개지만, 어떤 불가사리는 10개, 20개, 심지어 50개까지 달려 있는 것도 있어요!

불가사리
(북대서양)

가시관불가사리
(인도양, 태평양)

목걸이불가사리
(인도양, 태평양)

선스타불가사리
(북대서양, 태평양)

아홀로틀

여러분이 지금 보고 있는 이 동물은 지구에서 가장 이상한 동물 중 하나랍니다. 이름은 아홀로틀이에요. 아즈테카인들이 '물의 하인'이라는 뜻으로 부르던 이름이지요. 생김새 때문에 이상하게 생긴 두꺼비 같다는 생각이 들 거예요. 아홀로틀은 개구리와 같은 양서류예요. 그래서 물에서 태어나지요. 하지만 아홀로틀은 성체로 자라는 과정에서 몸의 형태가 바뀌지 않아요. 머리 양옆에 술처럼 매달려 있는 것은 아가미로, 숨을 쉴 때 쓴답니다.

야생에서는 아홀로틀을 보기 힘들어요. 멕시코의 멕시코시티 근처 호수에서만 살지요. 상처를 입었다면 놀라운 치유 능력을 보여 줍니다. 새로운 신체가 자라나요. 다리와 눈, 폐, 꼬리, 심장 일부까지 다시 만들 수 있답니다!

수조에서 키우는 아홀로틀은 창백한 분홍색이 많아요.
하지만 야생에서는 대부분 회색이나 녹색, 검은색이랍니다.

아홀로틀(멕시코)

자바늘보로리스
(동남아시아 자바섬)

어미 늘보로리스는 새끼에게 독이 있는 침을 발라
위험으로부터 지켜 주어요. 그러면 그 누구도 건드리려 하지 않겠지요.

늘보로리스

커다란 눈을 보면 늘보로리스가 얼마나 느림보인지 짐작할 수 있어요. 부엉이처럼 늘보로리스도 커다란 눈으로 밤에 주변을 살펴보아요. 어둠이 내려앉으면 탐험을 떠나요. 로리스는 아주 느릿느릿 움직여요. 한 발짝씩 내딛을 때마다 오랜 시간이 걸린답니다. 그 덕분에 에너지를 아낄 수 있어요. 하지만 행동이 느리다고 해서 약하다고 볼 수는 없답니다. 로리스에게 물리면 피부가 퉁퉁 붓고 몹시 따가워요. 로리스는 팔꿈치 부근에 기름을 만드는데, 이 기름이 침과 섞이면 독이 된답니다.

안타깝게도 늘보로리스를 잡아서 애완용으로 키우는 사례가 많아요. 늘보로리스의 생김새가 귀엽기는 하지만, 반려동물로 적합하지는 않아요. 로리스가 있어야 할 가장 좋은 장소는 바로 열대 우림이랍니다.

두꺼비

두꺼비는 폐를 크게 부풀려서 몸을 커지게 만들고는 포식자에게 겁을 주어요.

밤에 연못에서 들리는 개굴개굴 합창 소리. 바로 개구리나 두꺼비가 있다는 말이지요. 두꺼비는 개구리와 달리 피부가 거칠거칠하고 돌기가 있어요. 유럽인들은 마녀가 주문을 욀 때 두꺼비를 이용한다고들 했지만, 중국에 전해져 내려오는 이야기에서는 두꺼비가 마법사로 등장한답니다.

세계에서 가장 큰 두꺼비는 남아메리카에 사는 수수두꺼비예요. 수수두꺼비는 먹성이 어마어마하답니다. 1930년대에 오스트레일리아에서 해충으로 취급받던 딱정벌레를 퇴치할 목적으로, 수수두꺼비 수천 마리를 들여왔어요. 유감스럽게도 수수두꺼비가 너무 많이 퍼져 버려, 지금도 오스트레일리아에는 수수두꺼비가 수백만 마리나 살고 있어요. 수수두꺼비는 목에서 우유처럼 희뿌연 독을 만들어요. 그래서 자신을 잡아먹는 동물을 죽인답니다. 이제는 두꺼비가 유해 동물이 되고 말았어요!

수수두꺼비
(중앙아메리카, 남아메리카)

여느 나방들과 마찬가지로, 혜성꼬리나방은 먹이를 먹지 않아요.
애벌레일 때 앞으로 필요한 양을 전부 먹어 놔요.

혜성꼬리나방
(마다가스카르)

나방

잠을 자러 갈 때 불을 켜 놓고 자리를 뜨면, 나방이 그 근처에서 날아다니는 모습을 볼지도 몰라요. 어떤 사람들은 나방이 달빛과 전구의 빛을 헷갈린다고 생각하지요. 대부분의 나방은 밤에 날고 달을 쫓아 방향을 찾아요.

나방은 잡아먹히지 않기 위해 다양한 방법을 씁니다. 어떤 나방은 낙엽이나 새똥인 척해요. 혜성꼬리나방에게는 연필 정도 길이의 기다란 꼬리가 두 개 있는데, 포식자들은 나방의 몸통 대신 꼬리를 공격해요. 혜성꼬리나방은 세계에서 가장 큰 나방 중 하나이지만, 고작 며칠밖에 살지 못해요. 수컷은 살아 있을 때 서둘러 북슬북슬한 더듬이로 암컷의 냄새를 찾는답니다.

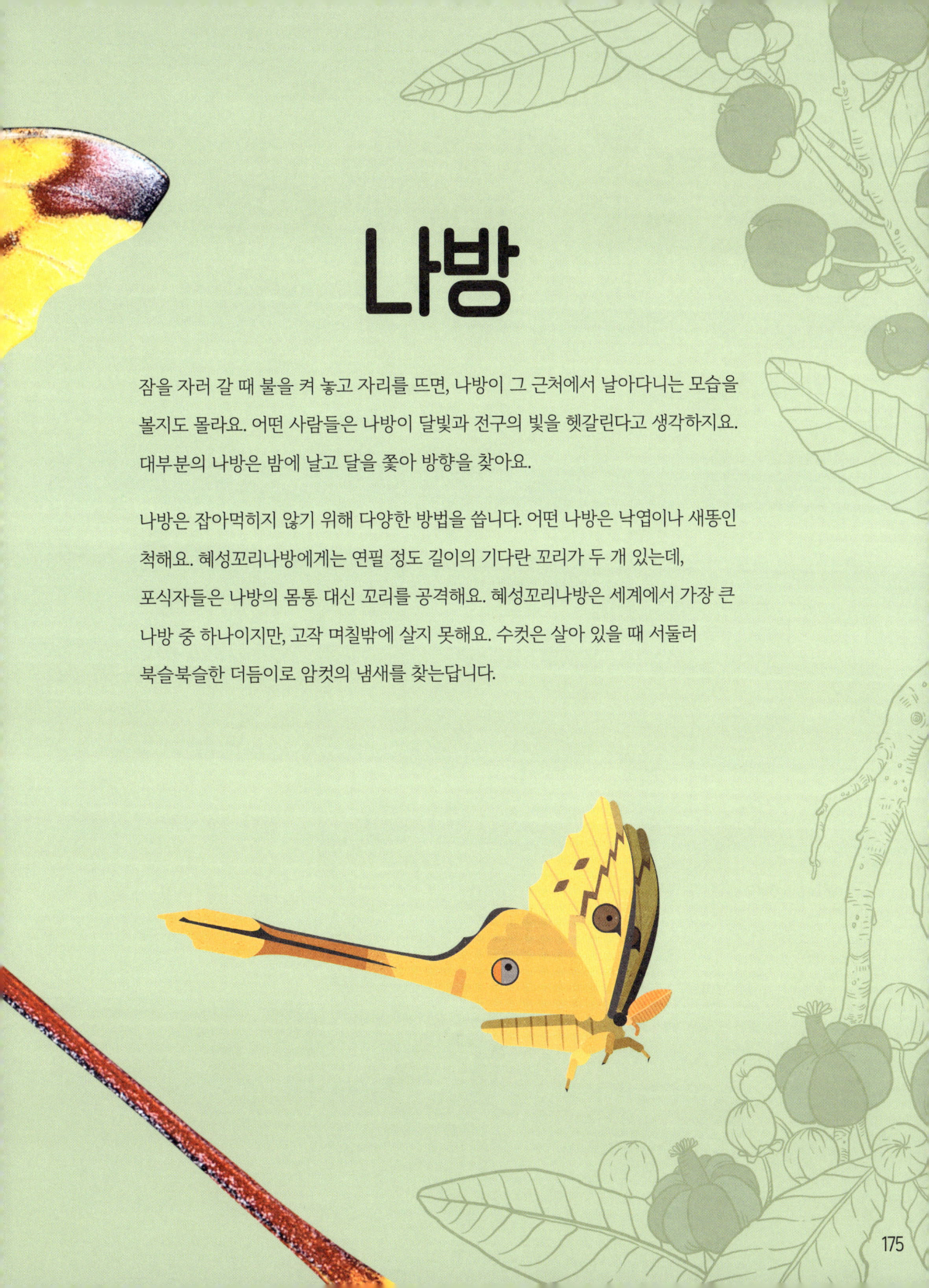

두더지

별코두더지는 물속에서 공기 방울을 불어요.
그러고 나서 근처에 있는 먹잇감의 냄새를 빨아들인답니다!

별코두더지
(북아메리카 동부)

두더지는 거의 평생을 땅속에서 보내요. 그리고 굴착기처럼 땅을 아주 잘 파요. 두더지의 손은 삽처럼 구부러져 있어서, 흙을 파고 기다란 터널을 만드는 데 알맞아요. 이따금 흙을 땅 위로 밀어내고는 고개를 쏙 내밀 때가 있는데, 이때 화산처럼 생긴 두더지 흙더미가 생겨요.

두더지의 눈은 너무나 작아서 앞을 거의 볼 수 없어요. 그래서 코와 수염으로 어두운 터널을 느끼며 길을 찾는답니다. 이렇게 해서 먹음직스러운 지렁이도 잡아먹어요. 별코두더지에게는 코 주변에 스물두 개의 작은 분홍색 촉수가 있어요. 이 촉수로 먹잇감 냄새를 맡아서 찾지요. 별코두더지는 흙 속에서뿐만 아니라 물속에서도 먹잇감을 찾아 0.2초 내에 꿀꺽 삼켜 버려요. 그 어떤 포유류보다 빠르지요!

벌새

빨강, 주황, 노랑, 초록, 파랑, 남색, 보라…. 벌새는 참 많은 색을 지니고 있어요. 보라꼬리요정벌새에게도 무척이나 아름답고 기다란 꼬리가 있지요. 벌새는 엄청나게 빨리 날아요. 눈 깜짝할 사이에 휙 지나간답니다. 작은 날개로 1초에 200번까지 날갯짓을 할 수 있어요. 이렇게 빨리 날갯짓을 하면 날개에서 윙윙 하는 소리가 나기 때문에 벌새라는 이름이 지어졌어요. 벌새는 헬리콥터처럼 제자리에서 맴돌 수 있고 심지어 뒤로도 날 수 있어요!

대부분의 벌새는 중앙아메리카와 남아메리카 숲속에 살아요. 너무 빨리 날아서 항상 배가 고파요. 그래서 근처에 있는 꽃에서 꿀을 먹고 에너지를 보충하지요. 벌새는 매일 1,000~2,000송이 꽃을 찾아야 해요. 그래서인지 포르투갈어로 벌새를 '꽃과 뽀뽀하는 새'라고 부른답니다.

보라꼬리요정벌새
(남아메리카)

전갈

그림자 속에 숨어 있는 게 뭐죠? 으악! 전갈이에요. 거미와 비슷한 전갈은 생김새도 무시무시해요. 그리고 강력한 집게발과 위로 휜 꼬리가 있는데, 꼬리 끝에는 독침이 있어요. 전갈은 번개처럼 빠르게 꼬리를 머리 위로 휙 들어 올려서 굶주린 포식자들을 막는답니다. 황제전갈은 가장 큰 전갈 중 하나인데, 20센티미터까지 자랄 수 있어요. 전갈은 대체로 벌레를 잡아먹지만, 쥐와 도마뱀 역시 근처에 황제전갈이 돌아다니고 있다면 조심해야 해요.

전갈은 대부분 열대 우림에 살지만, 사막에 사는 전갈도 있어요. 생명력이 무척이나 강한 사막의 전갈은 먹이를 먹는 사이에 1년 내내 물을 마시지 않고 버틸 수 있어요.

어미 전갈은 등에 새끼를 업고 다녀요.
하지만 어미가 너무나 오랫동안 굶주리면
새끼를 잡아먹을 수도 있답니다!

황제전갈
(서아프리카)

공작갯가재
(인도양, 태평양)

갯가재

갯가재는 화상을 일으킬 수 있는
자외선을 볼 수 있어요.

갯가재를 겁쟁이라 여기면 단연코 안 돼요. 공작갯가재의 앞다리에는 무시무시한 집게발이 달려 있는데, 머리 아래에 쏙 넣고 공격할 준비를 해요. 게나 다른 갑각류들이 가까이 다가가면 갯가재는 총알처럼 빠르게 집게발로 강타하여 먹잇감의 껍질을 열어 버립니다. 그 속도가 어찌나 빠른지, 집게발 근처에서 물이 진동을 일으키고 심지어 빛이 나오기도 해요!

이 알록달록한 생명체에게는 또 다른 비밀 무기가 있답니다. 바로 시력이 엄청나게 좋다는 거예요. 두 눈에는 특별한 감각 기관이 있어요. 그래서 먹잇감이 어디에 있는지 두 눈을 따로 굴려서 정확하게 위치를 파악할 수 있어요. 인간이 사물을 볼 때 두 눈을 함께 이용해야 하는 것과는 다르지요.

나비

유리날개나비의 날개는 투명해요.
나비가 이 책에 내려앉으면 날개를 통해
글자를 읽을 수 있을 정도랍니다!

모르포나비
(중앙아메리카, 남아메리카)

나비의 날개는 비늘가루라 부르는 수많은 작은 조각으로 이루어져 있어요. 비늘가루는 기와지붕처럼 겹쳐 있어서 무지개처럼 다양한 색을 띤답니다. 대개 파란색인 모르포나비는 크기가 접시와 비슷한데, 햇빛에 비쳐 보석처럼 빛이 나요.

나비는 빨대처럼 기다란 관으로 되어 있는 입으로 꽃에서 나는 달콤한 꿀을 빨아 먹어요. 하지만 대부분 오래 살지 못해요. 며칠 혹은 기껏해야 몇 주 동안 살뿐이죠. 많은 나비들이 알을 낳은 지 얼마 되지 않아 죽고 말아요. 알은 꼬물꼬물 애벌레로 부화하고, 먹고 또 먹으며 통통하게 자라요. 마침내 애벌레는 번데기가 됩니다. 번데기 속에서 안전하게 몸을 다시 만들고 아름다운 나비가 되어 밖으로 나와요.

물총새

물총새가 빠르게 지나갈 때, 여러분의 눈에는 그저 무언가 퍼런 물체가 지나가는 것처럼 보일 거예요. 물총새는 물고기를 잡을 생각을 하며 나뭇가지 위에서 잠자코 기다려요. 시력이 워낙 좋아서 반짝반짝 일렁이는 수면 아래도 볼 수 있지요. 별안간 물총새가 물속으로 뛰어들어요. 1-2초 지났을까, 물총새는 부리에 물고기를 문 채 다시 나뭇가지로 돌아옵니다. 그리고 머리부터 꿀꺽 삼켜요. 이렇게 하면 물고기의 가시와 비늘을 배 속으로 쉽게 미끄러뜨릴 수 있어요.

고대 그리스에서는 물총새가 마법을 부려 바다 위에 둥둥 떠다니는 둥지를 짓는다고 생각했어요. 하지만 실제로는 강둑에 굴을 파서 새끼들을 키우지요. 굴 끄트머리 바닥에는 생선뼈가 양탄자처럼 널려 있답니다!

모든 물총새가 물 근처에 살지는 않아요. 열대 우림에 살면서 물고기가 아닌 개구리와 도마뱀, 곤충을 먹고 사는 물총새도 많답니다.

물총새(북아프리카, 유럽, 아시아)

갯민숭달팽이

갯민숭달팽이는 다른 행성에서 온 외계인같이 생겼지만 사실 바다에 살아요. 마당에서 볼 수 있는 민달팽이처럼, 갯민숭달팽이에게는 등껍질이 없고 몸통이 질척질척하고 말랑말랑해요. 끈적끈적한 발로 바다 밑바닥을 미끄러지듯 기어다니고, 산호초의 좁은 틈을 비집고 들어가지요.

네온갯민숭달팽이와 같은 달팽이들은 오색찬란한 피부와 특이한 뿔 때문에 마치 고급 드레스를 입고 파티에 가는 것처럼 보여요. 등에 나뭇가지처럼 뻗어 있는 아가미까지 알록달록하지요. 하지만 이렇게 밝은 색상은 사실 "나 건들지 마!"라는 의사 표시랍니다. 어떤 갯민숭달팽이의 피부에는 게와 물고기를 죽일 만큼 강력한 독이 있어요.

**갯민숭달팽이는 동시에 암컷도 되고 수컷도 되어요.
그래서 어떤 성별이 되었든 알을 낳을 수 있답니다.**

네온갯민숭달팽이
(인도양, 태평양)

흰동가리는 짹짹, 딱딱 등 소리를 내며 다른 흰동가리와 소통해요.
이빨로 이러한 소리를 낸답니다.

흰동가리

흰동가리는 바다에서 가장 다채로운 서식지인 산호초에 살아요. 흰동가리를 보고 싶다면 우선 말미잘부터 찾아야 해요. 말미잘은 식물처럼 생겼지만 손가락같이 생긴 수많은 촉수가 달린 동물이에요. 말미잘은 흰동가리가 자신의 주변에서 헤엄치는 것을 무척이나 좋아해요. 흰동가리가 말미잘을 깨끗이 청소해 주고 신선한 물을 흘려보내 주거든요. 말미잘은 흰동가리의 똥을 먹기도 해요! 하지만 흰동가리도 대가 없이 이런 일을 해 주는 것은 아니랍니다. 이렇게 말미잘을 도와주는 대신, 말미잘은 더 큰 물고기로부터 흰동가리를 보호해 주어요. 물고기가 말미잘의 촉수에 쏘이면 매우 고통스러워요. 하지만 흰동가리는 다른 물고기보다 더 두꺼운 점액질로 덮여 있어서 다치지 않고 말미잘의 촉수 사이를 유유히 파고들 수 있답니다.

흰동가리
(동인도양, 서태평양)

잠자리

잠자리과 곤충은 3억 년 전부터 하늘을 날기 시작했어요. 그러니까 새나 공룡보다 훨씬 이전에 지구에 나타났다는 뜻이지요. 엄청나게 빠르게 날아다니는 잠자리는 날개가 네 개 있는데, 각각의 날개가 각기 다른 방향으로 움직일 수 있어서 제자리에 맴돌거나 위아래로 날 수 있고, 심지어 뒤로도 날 수 있어요. 보통 웅덩이 위에서 제자리로 날갯짓을 하다가 새로운 곳으로 쌩하니 날아가는 모습을 보게 될 거예요.

잠자리가 가장 좋아하는 먹이는 다른 곤충이에요. 커다란 눈으로 곤충의 위치를 파악한 후, 목표물에 시선을 고정한 채 뒤를 쫓지요. 열 번 공격에 아홉 번은 성공하니까, 잠자리는 동물의 왕국에서 사냥에 가장 많이 성공하는 포식자 중 하나라고 볼 수 있어요.

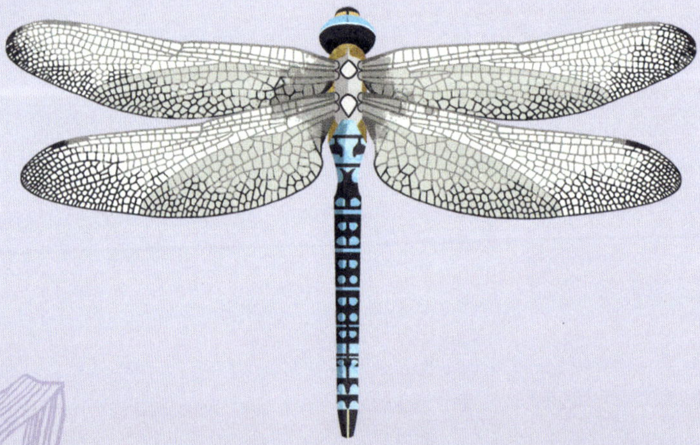

잠자리는 물에 알을 낳아요.
성질이 사나운 애벌레는 올챙이와
딱정벌레를 잡아먹습니다.

남부이주왕잠자리
(북아프리카, 남유럽, 아시아)

알 → 올챙이 → 다리가 생긴 작은 개구리 → 개구리 성체

개구리

동화에서 못생긴 개구리는 멋진 왕자로 변하지만, 사실 이 이야기는 불공평해요! 개구리는 생김새와 색깔이 너무나 다양하고, 그중에는 아주 예쁜 개구리도 있거든요. 독화살개구리는 색깔이 알록달록하고, 이끼개구리는 놀라울 정도로 위장 능력이 뛰어나요. 울퉁불퉁한 피부 덕분에 초록색 이끼가 모여 있는 척 속일 수 있지요.

개구리는 '변태'라는 과정을 통해 몸의 형태를 바꾸면서 성장해요. 알에서 한살이가 시작되는데, 알은 투명하고 말랑말랑한 젤리 안에 작은 방울 모양으로 들어 있어요. 알에서 올챙이가 부화하고, 아가미로 물속에서 호흡합니다. 마침내 다리가 나오며 작은 개구리가 되어요. 이제 공기로 호흡할 수 있어요. 마지막으로 꼬리가 사라지고 성체가 되어 땅 위를 폴짝폴짝 뛰어다닐 준비를 마친답니다!

이끼개구리는 발가락에 빨판이 있어서
미끄러운 바위 위에도 문제없이 달라붙을 수 있어요.

이끼개구리
(동남아시아)

메뚜기의 머리에는 아무리 찾아봐도
귀가 보이지 않아요.
귀는 바로 뒷다리 뒤에 숨어 있답니다.

사막메뚜기
(아프리카, 아시아)

메뚜기

여름이 되면 풀밭은 곤충들로 넘쳐 나요. 그중 메뚜기가 많은 수를 차지하지요. 수컷 메뚜기는 짝을 찾기 위해 찌르르 소리를 내요. 마치 바이올린을 켜듯 날개에 뒷다리를 문질러서 소리를 낸답니다. 고대 중국인들은 메뚜기를 음악용 반려동물로 키웠어요.

메뚜기의 턱은 식물을 씹어 먹도록 만들어졌어요. 그리고 이 곤충은 유해 곤충이 될 수 있어요. 보통 메뚜기는 각자 살지만, 어떤 종류의 메뚜기는 어마어마하게 많이 모여 메뚜기 떼를 이루어요. 사막메뚜기가 무리를 이루면 완전히 돌변합니다. 몸통 색깔이 갈색에서 밝은 노란색으로 바뀌며 엄청난 식욕을 보여요. 메뚜기 떼는 수십억 마리가 모여 땅을 뒤덮어 버립니다. 결국 작물을 몽땅 먹어 치우고 텅 빈 밭을 남긴 채 떠나고 말아요.

게마투스꽃사마귀
(인도, 동남아시아)

사마귀

**암컷 사마귀는 틈을 엿보다가 수컷을 잡아먹어요.
이렇게 에너지를 보충하여 알을 낳는 데 힘을 쓴답니다.**

사마귀는 앞발을 한데 모은 채 동상처럼 오도카니 앉아 있어요. 그 모습이 마치 기도하는 것 같지만, 사실은 잡아먹을 다른 곤충을 기다리고 있는 것이랍니다. 커다랗고 구부러진 발톱은 무기처럼 강력해요. 눈 깜짝할 사이에 시야에 들어온 먹잇감을 덥석 잡아 버리지요. 사마귀는 바늘처럼 뾰족한 가시로 먹잇감을 꼭 쥐어요. 시력도 무척이나 좋아서 먹잇감에게는 더욱 무시무시한 천적이지요. 사마귀는 우리처럼 사물을 입체적으로 볼 수 있는 유일한 곤충이에요.

수많은 사마귀들이 포식자로부터 자신을 지키기 위해 위장해요. 하지만 어떤 사마귀는 그보다 영리한 속임수를 쓴답니다. 위험이 닥치면 팔을 들어 올리고 알록달록한 날개를 활짝 펴서 포식자들을 내쫓아요.

어떤 농게는 오른쪽 집게발이 더 커요.
왼쪽 집게발이 더 큰 농게도 있지요.

게

게는 걷고 뛰고 수영할 줄 알아요. 단, 옆으로만요! 게의 다리는 몸통 양옆에 붙어 있기 때문에, 오른쪽이나 왼쪽으로 이동하기가 더 수월해요. 다리 열 개 중 여덟 개는 이동할 때 쓰이고, 앞에 있는 두 개의 집게발은 먹이를 잡거나 부수는 데 사용해요. 대부분의 게들은 무엇이든 잘 먹는답니다. 죽었든 살았든 상관없어요.

엄청나게 큰 집게발 하나가 있는 수컷 농게는 자못 진지하게 생겼어요. 집게발의 무게는 몸통 무게의 절반이나 나갈 정도로 무겁답니다! 수컷은 커다란 집게발을 암컷에게 흔들어 보이며 자신의 힘을 과시해요. 그리고 집게발은 무기로도 쓰인답니다. 다른 수컷이 바다에 파 놓은 자신의 굴을 넘보려 하면 무시무시한 집게발 공격을 맛보게 될 거예요!

대서양습지농게
(북아메리카 동부)

딱정벌레

고대 이집트인들은 쇠똥구리의 신 케프리가
태양을 굴린다고 생각했어요.

대형초록쇠똥구리
(아프리카)

여러분은 덩치가 큰 동물이 육지를 지배한다고 생각하겠지만, 사실 세상의 진정한 지배자는 딱정벌레랍니다. 이 강인한 곤충은 개체 수도 어마어마하게 많을뿐더러, 바닷가에서 산꼭대기까지 어디에나 살아요. 딱정벌레가 없는 곳은 바다뿐이랍니다.

딱정벌레는 무엇이든 가리지 않고 잘 먹어요. 강력한 턱으로 식물이며 나무뿌리, 나무, 동물, 썩은 것을 먹는답니다. 심지어 서로를 잡아먹기도 해요. 딱정벌레의 한 종류인 쇠똥구리는 커다란 동물이 누고 간 똥을 재활용해요. 똥을 작은 공 모양으로 굴리고는 유충이라고 하는 어린 쇠똥구리에게 먹이기 위해 묻어 놓지요. 어떤 쇠똥구리는 다른 쇠똥구리의 똥을 훔치기도 해요! 서로의 똥을 조금씩 떼어서는 자신의 똥에 붙인답니다.

잎꾼개미(중앙아메리카, 남아메리카)

개미

개미는 하나하나씩 보면 그다지 강하지 않지만, 여럿이 모이면 힘센 동물 한 마리처럼 행동해요. 수많은 개미가 한데 모여 군집을 이루고 여왕이 개미 군집을 지배합니다. 여왕개미는 수천 마리 일개미들에게 보살핌을 받고 병정개미의 보호를 받아요. 병정개미는 강력한 턱과 무시무시한 침을 가지고 있으며, 군집을 지키는 역할을 합니다.

개미는 여러 다양한 먹이를 먹어요. 군대개미는 숲을 행진하며 땅 위를 기어다니는 벌레를 잡아요. 꿀단지개미는 꽃에서 나오는 달콤한 꿀을 배 안에 저장하지요. 오스트레일리아와 북아메리카에 살던 사람들은 꿀단지개미를 빨아 먹으며 달콤한 맛을 즐겼다고 해요! 잎꾼개미는 농부예요. 나뭇잎을 잘라서 둥지에 가지고 간답니다. 나뭇잎이 썩으면 그 위에 균류가 자라는데, 잎꾼개미는 그 균류를 먹어요.

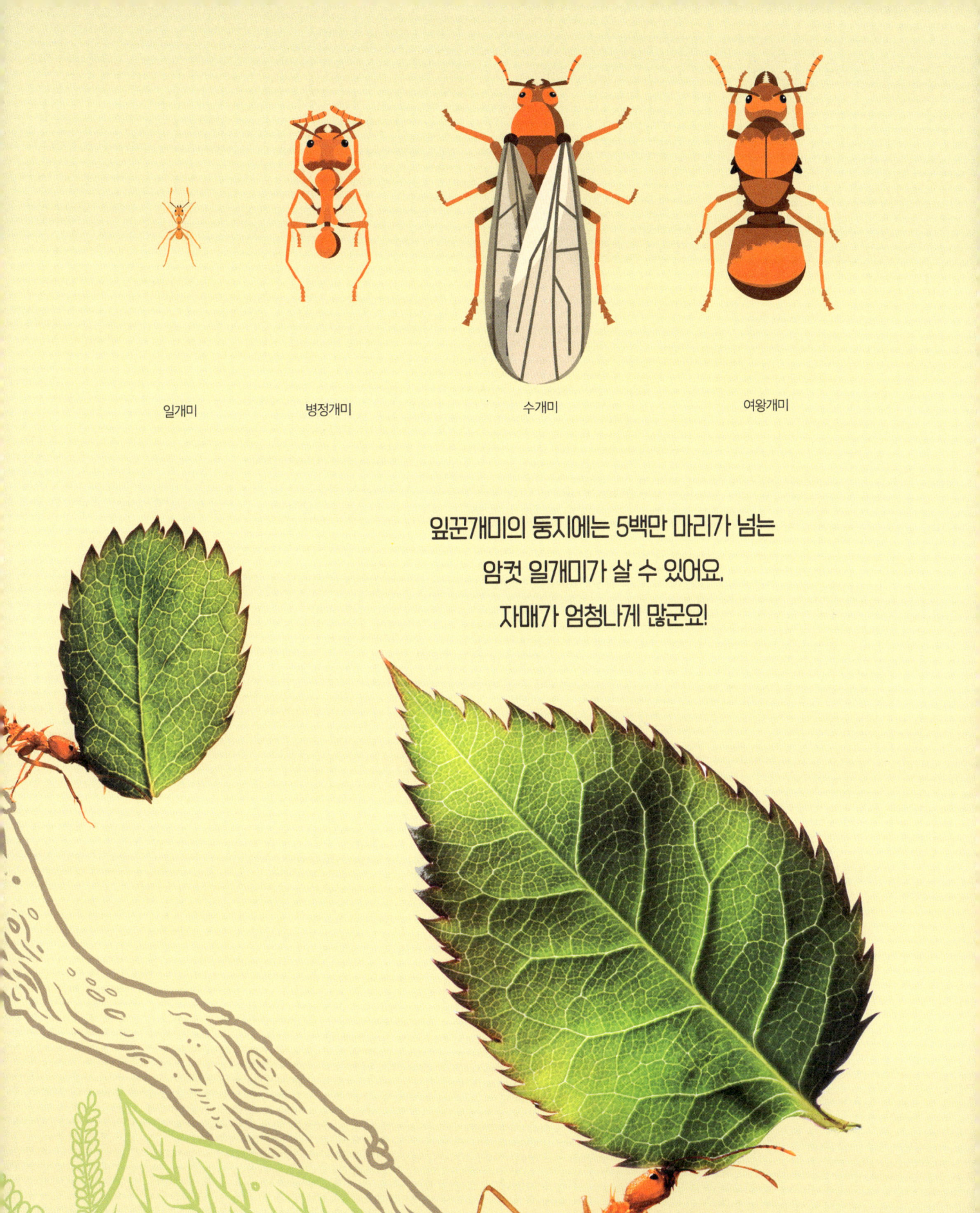

노린재

지금까지 우리는 8만 여 종의 노린재를 발견했어요. 그리고 해마다 새로운 종이 발견되고 있지요. 노린재가 되려면 먹이를 빨아먹을 수 있는 뾰족한 부리가 있어야 해요. 대체로 식물만 먹고 살지만, 무시무시한 사냥 실력을 자랑하는 노린재도 있답니다.

세상에는 노린재에 속하는 정말 다양한 곤충이 있어요. 매미는 큰 소리로 울어서 밤에도 사람들을 깨우고는 하지요. 소금쟁이는 수면 위를 걸을 수 있어요. 거품벌레는 자신의 몸길이보다 100배 더 높이 뛸 수 있고, 노린재는 천적에게 냄새 폭탄을 뿜어서 쫓아낼 수 있답니다. 가시벌레는 뾰족한 가시인 척 위장해요. 이렇게 기발한 위장은 나뭇가지에 함께 모여 있을 때 더 큰 위력을 발휘해요. 그래서 안심하고 식물에 입을 꽂고는 수액을 맛있게 빨아 먹는답니다.

가시벌레에게는 자신들을 지켜 주는 개미가 있어요.
가시벌레는 그 보답으로 개미에게 달콤한 꿀을 만들어 주지요.

가시벌레(북아메리카,
중앙아메리카, 남아메리카)

오직 암컷 말벌만 침을 쏠 수 있어요.
수컷에게는 침이 없답니다.

뻐꾸기말벌(유럽)

말벌

말벌에게 쏘이면 엄청나게 아파요. 그러니 말벌을 함부로 건드리면 안 되겠지요. 말벌의 뾰족한 침에는 독이 있어서 우리 피부를 간지럽고 따갑게 만듭니다. 어떤 말벌은 검은색과 노란색 줄무늬를 이용해 자신을 공격하는 동물에게 겁을 주는 것으로 끝나지만, 자신을 방어하거나 먹잇감을 죽이기 위해서만 침을 쏘아요.

뻐꾸기말벌은 길이가 1센티미터가 채 안 되고 몸통은 알록달록하면서 광이 난답니다. 새끼일 때에는 기생충으로 살아요. 다른 살아 있는 곤충에게서 영양분을 얻지요. 말벌을 확대하면 몸이 온통 울퉁불퉁한 것을 보게 될 거예요. 움푹 들어간 곳은 다른 곤충들에게서 쏘이지 않고 보호하기 위한 거예요. 곤충들이 새끼를 보호하려고 말벌을 쏘는 경우가 있거든요.

해안공작거미
(오스트레일리아)

공작거미는 어마어마하게 커다란 눈이 여덟 개나 있어요.
머리의 절반 가까이 차지한답니다.

거미

이 세상 최고의 사냥꾼을 만들고 싶다면, 여덟 개의 눈과 여덟 개의 다리, 그리고 두 개의 날카로운 송곳니가 있어야 할 거예요. 거미가 바로 이렇게 생겼답니다. 거미는 송곳니로 먹잇감을 찌르고 독을 주입해서 옴짝달싹 못하게 만들어요. 그다음에는 끈적끈적한 거미줄로 먹잇감을 둘둘 말고는, 점심에 먹을 도시락을 챙기듯 나중에 먹을 준비를 해 놓습니다. 하지만 걱정하지 마세요. 인간에게 위험한 거미는 몇 종류 되지 않는답니다.

수컷 공작거미는 매우 밝은색을 지니고 있어요. 그리고 뛰어난 춤꾼이기도 하지요. 마치 음악에 맞추어 춤을 추듯 두 다리를 공중에서 흔들며 몸통의 알록달록한 빛이 반짝이도록 뛰어다녀요. 운이 좋다면 암컷이 수컷의 춤을 마음에 들어 할 수도 있어요. 그렇지 않다면 암컷에게 잡아먹히고 말아요!

생명의 나무

우리는 이미 수백만 종의 동물들에게 이름을 지어 주었지만, 아직 발견되기를 기다리고 있는 종도 수백만 가지가 더 있을 수 있어요. 모든 동물은 생명의 나무에 속해 있어요. 생명의 나무는 동물들이 서로 어떻게 연관되어 있는지 보여 주는 그림이랍니다. 나뭇가지에 서로 가까이 있는 동물일수록 더 밀접한 관계라는 뜻이에요. 지구에 가장 오랫동안 살았던 동물 순서대로 가장 낮은 나뭇가지에서 출발합니다.

육식동물

홀수 발굽을 가진 포유류

영장류

천산갑

토끼

설치류

파충류
비늘로 덮인 피부가 거칠고 건조하다면 파충류예요. 파충류의 몸은 열을 만들지 않아서, 체온을 올리기 위해 일광욕을 자주 하죠. 대개 알을 낳는데, 껍데기가 딱딱한 경우도 있고 말랑한 경우도 있어요.

유대류

악어 도마뱀과 뱀

바다거북과 육지거북

조류(새)

어류
이 놀라운 동물은 모두 물속에서 숨을 쉴 수 있어요. 어류는 바닷물 혹은 민물에 살아요. 물고기의 비늘은 대개 미끈하지만, 상어와 가오리의 비늘은 작고 사포처럼 거칠어요.

뼈가 있는 물고기 (경골어)

조류(새)
하늘을 가르거나 땅 위를 달리는 조류는 깃털과 딱딱한 부리로 알 수 있어요. 새는 공룡의 후손이며, 먼 옛날 파충류처럼 딱딱한 알을 낳는답니다.

상어

가오리

불가사리

해파리

용어 풀이

가축 인간이 고기와 털을 얻거나 일을 시키기 위해 또는 반려동물로 키우는 동물.

가축화(길들이기) 인간에게 익숙해지는 것. 반려동물이 길들여진 동물이에요.

갈고리발톱 일부 포식자의 길고 날카로우며 구부러진 발톱. 갈고리발톱이 있는 새 중에는 부엉이, 독수리, 매 등이 있어요.

갈기 사자와 얼룩말 등 동물의 머리 위나 주위에 길게 자란 털.

갑각류 바다에 사는 동물로 딱딱한 껍데기가 있어요. 가재, 게, 새우 등이 갑각류에 속해요.

겨울잠(동면) 일부 동물이 겨울 내내 깊은 잠에 빠지는 것. 몇 달씩 계속 잘 때도 있어요.

곤충 다리가 세 쌍, 몸이 머리, 가슴, 배 등 세 부분으로 이루어진 동물. 또한 몸통 양쪽에 날개가 달린 곤충이 많아요.

균류 곰팡이, 버섯과 같은 생명체. 대개 썩은 것을 먹고 자라요.

기생충 다른 동물에게 붙어 있거나 몸속에 기생해서 사는 동물. 기생하는 동물(숙주)의 영양분을 먹고 해를 끼치며, 숙주가 없다면 살 수 없어요. 모기와 벼룩이 여기에 해당합니다.

꽃꿀 꽃에서 나오는 달콤한 액체. 곤충과 새가 꿀을 먹기 위해 꽃을 찾습니다.

늪 물이 넘쳐 나서 습한 서식지.

대양 거대한 바다. 지구에는 대서양, 인도양, 태평양, 북극해, 남극해의 다섯 개 대양이 있어요.

더듬이 곤충의 머리에 있는 감각 기관으로 보통 한 쌍으로 이루어져 있어요. 곤충들은 더듬이로 주변의 상태를 느끼고 냄새를 맡으며 맛을 봅니다.

독 동물 등이 스스로를 보호하기 위해 만드는 해로운 물질. 보통 피부 속에 있으며, 포식자가 독이 있는 동물 등을 잡아먹을 때 독의 피해를 받아요. 이빨이나 침에 든 독으로 상대를 공격하기도 해요.

먹잇감 포식자에게 사냥을 당하는 동물.

멸종 어떤 종의 마지막 남은 생명체가 죽어 그 종이 지구에 더 이상 남아 있지 않은 상태.

멸종 위기 동물이 야생에서 매우 드물어지는 것. 우리가 이런 동물들에게 관심을 기울이지 않으면 멸종 위기 동물들은 완전히 사라져 멸종되고 말 거예요.

무척추동물 곤충, 거미, 게, 불가사리 등 척추가 없는 동물.

물갈퀴 손가락이나 발가락 사이에 붙은 피부.

반향 위치 측정 소리를 이용하여 물체가 얼마나 멀리 떨어져 있는지 알아보는 것. 소리를 보내고 돌아오는 메아리를 들어서 확인하는 것으로, 돌고래와 일부 박쥐가 길을 찾을 때 이 방법을 씁니다.

발굴 파내는 것.

변태 동물이 성장하면서 모습이 완전히 바뀌는 것. 올챙이가 개구리가 되고, 애벌레가 나비가 되는 것이 대표적인 변태 과정이에요.

뿔 사슴의 머리에서 자라는 뼈.

사막 비가 거의 오지 않는 서식지. 모래로 이루어진 곳이 많고 더운 곳과 추운 곳 모두에서 찾아볼 수 있어요.

사바나 더운 열대 지역의 넓고 탁 트인 초원 서식지예요. 나무가 드문드문 퍼져 있기도 해요. 가장 넓은 사바나는 아프리카와 남아메리카에 있어요.

사체 동물의 죽은 몸.

산호초 따뜻하고 얕은 바다에서 주로 볼 수 있는 서식지. 산호라고 부르는 작은 동물의 딱딱한 골격 수십억 개가 모여 만들어져요.

서식지 동물과 식물, 기타 생명체가 사는 곳. 서식지는 육지 또는 물이 될 수 있어요. 특정 서식지에만 사는 종이 많아요.

설치류 길고 뾰족한 앞니가 위아래로 한 쌍씩 있는 포유류. 이빨은 성장이 멈추지 않지만 계속해서 쓰기 때문에 닳아서 짧아져요. 쥐, 들쥐, 다람쥐, 비버 등이 설치류에 속합니다.

수액 식물이 생산하는 달콤한 액체. 동물의 혈액처럼 나무 몸통과 나뭇가지 속에서 흘러요.

숨구멍 고래와 돌고래의 머리 위에 있는 구멍으로, 숨을 쉴 때 써요.

아가미 물속에서 숨을 쉴 때 이용하는 기관. 어류와 일부 양서류에게 아가미가 있어요.

알 덩어리 어류나 양서류가 낳는 다량의 알. 보통 물에 낳으며, 젤리처럼 생긴 외피로 둘러싸여 있어요.

양서류 척추가 있는 동물로, 보통 태어난 뒤 일정 기간은 물에서 살고 이후에는 육지에서 살아요. 일반적으로 알에서 태어나 올챙이로 부화하고, 성체로 몸을 바꾸어요. 개구리와 영원이 대표적인 양서류입니다.

어류 척추가 있는 동물로, 보통 평생을 물에서 살고 아가미로 숨을 쉬어요. 뼈가 딱딱한 어류가 많지만, 상어와 가오리처럼 연골이라 부르는 유연한 뼈로 이루어진 어류도 있어요.

엄니 바다코끼리나 코끼리 등 일부 동물의 커다란 이빨.

열대 우림 매우 습하고 비가 많이 오는 숲 서식지. 가장 규모가 큰 열대 우림은 지구의 더운 열대 지역에 있으며, 이곳의 나무는 매우 높게 자라요. 다양한 식물과 동물이 대규모로 모여 살아요.

위장 동물이 자신이 사는 환경과 비슷하게 색깔을 바꾸거나 무늬를 내는 것. 자신을 공격하는 동물로부터 숨는 데 도움이 되어요.

유대목 아주 작고 약한 새끼를 낳는 포유류로, 갓 태어난 새끼는 보거나 듣지 못하는 경우가 많아요. 그래서 보통 어미의 배에 있는 주머니에서 자란답니다. 유대목 동물 대부분은 오스트레일리아에 살지만, 아메리카에 사는 유대목도 있어요.

유인원 뇌가 커다란 포유류 집단으로, 손을 쓸 수 있으며 매우 영리해요. 고릴라와 오랑우탄이 유인원에 속합니다.

유충 곤충, 양서류, 해파리 등 특정 동물의 새끼.

이주 동물이 먹이를 찾거나 새끼를 기르기 위해 새로운 곳을 찾아가는 긴 여행. 많은 동물들이 해마다 여름과 겨울 사이에 이주를 하고 돌아와요.

조류 단순하고 식물 같은 생명체로 바다와 같은 물에서 주로 찾을 수 있어요. 눈으로 보이지 않을 만큼 매우 작은 것도 있지만 해초처럼 아주 큰 것도 있답니다.

조류(새) 척추가 있는 동물로 딱딱한 부리와 깃털이 있어요. 대부분의 조류(새)는 날 수 있고 딱딱한 껍데기가 있는 알을 낳습니다. 알을 낳기 위해 둥지를 만드는 경우가 많아요.

종 동물이나 식물, 기타 생명체의 특징에 따라 묶은 단위. 예를 들어 사자와 치타는 같은 고양잇과 동물이지만 다른 종이에요. 같은 종에 속한 동물끼리는 함께 새끼를 낳아 기를 수 있지만, 다른 종끼리는 일반적으로 불가능해요.

지방 펭귄, 물범, 고래 등 일부 동물의 피부밑에 있는 두꺼운 지방층. 추운 서식지에서도 몸을 따뜻하게 유지하도록 해 줍니다.

초식 동물 식물만 먹는 동물.

파충류 척추가 있는 동물로 딱딱한 비늘로 덮여 있어 피부가 거칠어요. 대개 알을 낳습니다. 뱀과 도마뱀, 거북이 파충류에 속해요.

포식자 다른 동물을 사냥하여 먹잇감으로 삼는 동물.

포유류 척추가 있는 동물로, 따뜻한 피가 흐르고 털이나 머리카락이 있어요. 어미는 새끼를 낳고 젖을 먹여 키워요.

포획 동물이 인간에게 잡혀 야생이 아닌 우리나 동물원에 갇혀 있는 것.

플랑크톤 바다와 호수, 연못 등에 둥둥 떠다니는 생물체로, 너무 작아서 보이지 않을 때가 많아요. 조류 또는 새우 등 작은 동물이 여기에 해당합니다.

흰개미 개미처럼 생겼지만 바퀴벌레에 더 가까운 곤충. 주로 군집으로 대규모 무리를 이루어 살아요. 흰개미 군집은 땅이나 진흙에 커다란 둥지를 만듭니다.

그림으로 보는 동물

혹등고래 4쪽
학명: 메가프테라 노바이안글리아이
Megaptera novaeangliae
분류: 포유류
몸길이: 17미터
사는 곳: 전 세계

범고래 6쪽
학명: 오르키누스 오르카 Orcinus orca
분류: 포유류
몸길이: 9.8미터
사는 곳: 전 세계

아프리카코끼리 8쪽
학명: 록소돈타 아프리카나 Loxodonta africana
분류: 포유류
몸길이(꼬리 제외, 코 포함): 7.5미터
사는 곳: 아프리카

바다악어 10쪽
학명: 크로코딜루스 포로수스
Crocodylus porosus
분류: 파충류
몸길이: 7미터
사는 곳: 동남아시아, 오스트레일리아

큰귀상어 12쪽
학명: 스퓌르나 모카란 Sphyrna mokarran
분류: 어류
몸길이: 6.1미터
사는 곳: 전 세계

기린 14쪽
학명: 기라파 카멜로파르달리스
Giraffa camelopardalis
분류: 포유류
몸길이: 6미터
사는 곳: 아프리카

흰코뿔소 16쪽
학명: 케라토테리움 시뭄
Ceratotherium simum
분류: 포유류
몸길이(꼬리 제외, 뿔 포함): 5.7미터
사는 곳: 남아프리카

하마 18쪽
학명: 히포포타무스 암피비우스
Hippopotamus amphibius
분류: 포유류
몸길이(꼬리 제외): 5.1미터
사는 곳: 아프리카

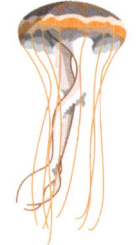

태평양쐐기풀해파리 20쪽
학명: 크뤼사오라 푸스케스켄스
Chrysaora fuscescens
분류: 무척추동물
몸길이: 4.6미터
사는 곳: 동태평양

킹코브라 22쪽
학명: 오피오파구스 한나
Ophiophagus hannah
분류: 파충류
몸길이: 4미터
사는 곳: 동남아시아

호랑이 24쪽
학명: 판테라 티그리스 Panthera tigris
분류: 포유류
몸길이: 4미터
사는 곳: 동아시아, 남아시아, 동남아시아

큰돌고래 26쪽
학명:투르시오프스 트룬카투스 Tursiops truncatus
분류: 포유류
몸길이: 3.8미터
사는 곳: 전 세계

사자 28쪽
학명: 판테라 레오 Panthera leo
분류: 포유류
몸길이: 3.5미터
사는 곳: 아프리카, 인도 서부

바다코끼리 30쪽
학명: 오도베누스 로스마루스 Odobenus rosmarus
분류: 포유류
몸길이: 3.5미터
사는 곳: 북극

인도공작 32쪽
학명: 파보 크리스타투스 Pavo cristatus
분류: 조류(새)
몸길이: 3.5미터
사는 곳: 남아시아

단봉낙타 34쪽
학명: 카멜루스 드로메다리우스 Camelus dromedarius
분류: 포유류
몸길이(꼬리 제외): 3.4미터
사는 곳: 북아프리카, 아라비아반도

말코손바닥사슴 36쪽
학명: 알케스 알케스 Alces alces
분류: 포유류
몸길이(꼬리 제외): 3미터
사는 곳: 북아메리카, 유럽, 북아시아

황새치 38쪽
학명: 크시피아스 글라디우스 Xiphias gladius
분류: 어류
몸길이: 3미터
사는 곳: 전 세계

북극곰 40쪽
학명: 우르수스 마리티무스 Ursus maritimus
분류: 포유류
몸길이(꼬리 제외): 2.8미터
사는 곳: 북극

타조 42쪽
학명: 스트루티오 카멜루스 Struthio camelus
분류: 조류(새)
높이: 2.8미터
사는 곳: 아프리카

퓨마 44쪽
학명: 푸마 콘콜로르 Puma concolor
분류: 포유류
몸길이: 2.5미터
사는 곳: 북아메리카, 중앙아메리카, 남아메리카

그랜트얼룩말 46쪽
학명: 에쿠스 쿠아가 Equus quagga
분류: 포유류
몸길이(꼬리 제외): 2.4미터
사는 곳: 동아프리카, 남아프리카

붉은캥거루 48쪽
학명: 마크로푸스 루푸스 Macropus rufus
분류: 포유류
몸길이: 2.4미터
사는 곳: 오스트레일리아

눈표범 50쪽
학명: 판테라 운키아 Panthera uncia
분류: 포유류
몸길이: 2.3미터
사는 곳: 중앙아시아

에메랄드나무보아 52쪽
학명: 코랄루스 카니누스 Corallus caninus
분류: 파충류
몸길이: 2.2미터
사는 곳: 남아메리카

치타 54쪽
학명: 아키노닉스 유바투스 Acinonyx jubatus
분류: 포유류
몸길이: 2.2미터
사는 곳: 아프리카

큰개미핥기 56쪽
학명: 뮈르메코파가 트리닥틸라 Myrmecophaga tridactyla
분류: 포유류
몸길이: 2.1미터
사는 곳: 중앙아메리카, 남아메리카

순록 58쪽
학명: 란기페르 타란두스 Rangifer tarandus
분류: 포유류
몸길이(꼬리 제외): 2.1미터
사는 곳: 북아메리카, 북유럽, 북아시아

꿩지가오리 60쪽
학명: 타이니우라 뤼마 Taeniura lymma
분류: 어류
몸길이: 2미터
사는 곳: 인도양, 태평양

리카온 62쪽
학명: 뤼카온 픽투스 Lycaon pictus
분류: 포유류
몸길이: 1.8미터
사는 곳: 아프리카

대왕판다 64쪽
학명: 아일루로포다 멜라놀레우카 Ailuropoda melanoleuca
분류: 포유류
몸길이(꼬리 제외): 1.8미터
사는 곳: 중국

회색늑대 66쪽
학명: 카니스 루푸스 Canis lupus
분류: 포유류
몸길이: 1.8미터
사는 곳: 북아메리카, 유럽, 아시아, 북극

서부고릴라 68쪽
학명: 고릴라 고릴라 Gorilla gorilla
분류: 포유류
몸길이: 1.8미터
사는 곳: 중앙아프리카

우유뱀 70쪽
학명: 람프로펠티스 트리안굴룸 Lampropeltis triangulum
분류: 파충류
몸길이: 1.8미터
사는 곳: 북아메리카, 중앙아메리카, 남아메리카

하프물범 72쪽
학명: 파고필루스 그로엔란디쿠스 Pagophilus groenlandicus
분류: 포유류
몸길이: 1.7미터
사는 곳: 북극해

큰뿔양 74쪽
학명: 오비스 카나덴시스 Ovis canadensis
분류: 포유류
몸길이(꼬리 제외): 1.7미터
사는 곳: 북아메리카 서부

해달 76쪽
학명: 엔휘드라 루트리스 Enhydra lutris
분류: 포유류
몸길이: 1.6미터
사는 곳: 북태평양

바다이구아나 78쪽
학명: 암블뤼륀쿠스 크리스타투스 Amblyrhynchus cristatus
분류: 파충류
몸길이: 1.5미터
사는 곳: 남아메리카 갈라파고스 제도

보르네오오랑우탄 80쪽
학명: 퐁고 퓌그마이우스 Pongo pygmaeus
분류: 포유류
몸길이: 1.4미터
사는 곳: 동남아시아 보르네오섬

울버린 82쪽
학명: 굴로 굴로 Gulo gulo
분류: 포유류
몸길이: 1.3미터
사는 곳: 북아메리카, 북유럽, 북아시아

칠레홍학 84쪽
학명: 포이니코프테루스 킬렌시스 Phoenicopterus chilensis
분류: 조류(새)
몸길이: 1.3미터
사는 곳: 남아메리카

문어 86쪽
학명: 옥토푸스 불가리스 Octopus vulgaris
분류: 무척추동물
몸길이: 1.3미터
사는 곳: 전 세계

너구리판다 88쪽
학명: 아일루루스 풀겐스 Ailurus fulgens
분류: 포유류
몸길이: 1.2미터
사는 곳: 히말라야산맥, 중국 남서부

아메리카비버 90쪽
학명: 카스토르 카나덴시스 Castor canadensis
분류: 포유류
몸길이: 1.2미터
사는 곳: 북아메리카

푸른바다거북 92쪽
학명: 켈로니아 뮈다스 Chelonia mydas
분류: 파충류
몸길이: 1.2미터
사는 곳: 대서양, 태평양, 인도양의 열대 지방

금계 94쪽
학명: 크뤼솔로푸스 픽투스 Chrysolophus pictus
분류: 조류(새)
몸길이: 1.2미터
사는 곳: 중국

황제펭귄 96쪽
학명: 아프테노뒤테스 포르스테리 aptenodytes forsteri
분류: 조류(새)
몸길이: 1.2미터
사는 곳: 남극

볏호저 98쪽
학명: 휘스트릭스 크리스타타 Hystrix cristata
분류: 포유류
몸길이: 1.1미터
사는 곳: 아프리카

개코원숭이 100쪽
학명: 만드릴루스 스핑크스 Mandrillus sphinx
분류: 포유류
몸길이(꼬리 제외): 1.1미터
사는 곳: 중앙아프리카

사바나천산갑 102쪽
학명: 스무트시아 템민크키 Smutsia temminckii
분류: 포유류
몸길이: 1.1미터
사는 곳: 아프리카

알락꼬리여우원숭이 104쪽
학명: 레무르 카타 Lemur catta
분류: 포유류
몸길이: 1.1미터
사는 곳: 마다가스카르

루펠독수리 106쪽
학명: 귀프스 루에펠리 Gyps rueppelli
분류: 조류(새)
몸길이: 1미터
사는 곳: 북아프리카, 동아프리카

미국라쿤 108쪽
학명: 프로퀴온 로토르 Procyon lotor
분류: 포유류
몸길이: 1미터
사는 곳: 북아메리카, 중앙아메리카

라일날여우박쥐 110쪽
학명: 프테로푸스 륄레이 Pteropus lylei
분류: 포유류
날개폭: 90센티미터
사는 곳: 동남아시아

줄무늬스컹크 112쪽
학명: 메피티스 메피티스 Mephitis mephitis
분류: 포유류
몸길이: 90센티미터
사는 곳: 북아메리카

홍연어 114쪽
학명: 온코륀쿠스 네르카 Oncorhynchus nerka
분류: 어류
몸길이: 85센티미터
사는 곳: 태평양

청금강앵무 116쪽
학명: 아라 아라라우나 Ara ararauna
분류: 조류(새)
몸길이: 85센티미터
사는 곳: 남아메리카

쿼카 118쪽
학명: 세토닉스 브라퀴우루스 Setonix brachyurus
분류: 포유류
몸길이: 85센티미터
사는 곳: 오스트레일리아

다람쥐원숭이 120쪽
학명: 사이미리 스키우레우스 Saimiri sciureus
분류: 포유류
몸길이: 85센티미터
사는 곳: 남아메리카

산비스카차 122쪽
학명: 라기디움 비스카키아 Lagidium viscacia
분류: 포유류
몸길이: 85센티미터
사는 곳: 남아메리카 서부

얼룩무늬파랑비늘돔 124쪽
학명: 케토스카루스 오켈라투스 Cetoscarus ocellatus
분류: 어류
몸길이: 80센티미터
사는 곳: 인도양, 서태평양

코알라 126쪽
학명: 파스콜라르크토스 키네레우스 Phascolarctos cinereus
분류: 포유류
몸길이: 80센티미터
사는 곳: 오스트레일리아 동부

유라시아수리부엉이 128쪽
학명: 부보 부보 Bubo bubo
분류: 조류(새)
몸길이: 75센티미터
사는 곳: 유럽, 아시아

갈색목세발가락나무늘보 130쪽
학명: 브라듸푸스 바리에가투스 Bradypus variegatus
분류: 포유류
몸길이: 70센티미터
사는 곳: 중앙아메리카, 남아메리카

페넥여우 132쪽
학명: 불페스 제르다 Vulpes zerda
분류: 포유류
몸길이: 65센티미터
사는 곳: 북아프리카

북극토끼 134쪽
학명: 레푸스 아르크티쿠스 Lepus arcticus
분류: 포유류
몸길이(꼬리 제외): 65센티미터
사는 곳: 캐나다, 그린란드, 북극

북부갈색키위 136쪽
학명: 아프테릭스 만텔리 Apteryx mantelli
분류: 조류(새)
몸길이: 65센티미터
사는 곳: 뉴질랜드 북섬

오리너구리 138쪽
학명: 오르니토륑쿠스 아나티누스
Ornithorhynchus anatinus
분류: 포유류
몸길이: 65센티미터
사는 곳: 오스트레일리아 동부

팬서카멜레온 140쪽
학명: 푸르키페르 파르달리스 Furcifer pardalis
분류: 파충류
몸길이: 55센티미터
사는 곳: 마다가스카르

독도마뱀 142쪽
학명: 헬로데르마 수스펙툼 Heloderma suspectum
분류: 파충류
몸길이: 55센티미터
사는 곳: 멕시코, 미국 남부

미어캣 144쪽
학명: 수리카타 수리카타
Suricata suricatta
분류: 포유류
몸길이: 55센티미터
사는 곳: 남아프리카

붉은배피라냐 146쪽
학명: 퓌고켄트루스 나테레리
Pygocentrus nattereri
분류: 어류
몸길이: 50센티미터
사는 곳: 남아메리카

무지개왕부리새 148쪽
학명: 람파스토스 술푸라투스
Ramphastos sulfuratus
분류: 조류(새)
몸길이: 50센티미터
사는 곳: 중앙아메리카

붉은발육지거북 150쪽
학명: 켈로노이디스 카르보나리우스
Chelonoidis carbonarius
분류: 파충류
몸길이: 50센티미터
사는 곳: 남아메리카

베라구아무족영원 152쪽
학명: 귐노피스 물티플리카타 Gymnopis multiplicata
분류: 양서류
몸길이: 50센티미터
사는 곳: 중앙아메리카

베넷날치 154쪽
학명: 케일로포곤 피나티바르바투스
Cheilopogon pinnatibarbatus
분류: 어류
몸길이: 40센티미터
사는 곳: 전 세계 열대 바다

토케이도마뱀붙이 156쪽
학명: 게코 게코 Gekko gecko
분류: 파충류
몸길이: 40센티미터
사는 곳: 남아시아, 동남아시아

나뭇잎해룡 158쪽
학명: 퓌코두루스 에쿠에스 Phycodurus eques
분류: 어류
몸길이: 35센티미터
사는 곳: 오스트레일리아

코뿔바다오리 160쪽
학명: 프라테르쿨라 아르크티카 Fratercula arctica
분류: 조류(새)
몸길이: 35센티미터
사는 곳: 북대서양

독사고기 162쪽
학명: 카울리오두스 슬로아니 Chauliodus sloani
분류: 어류
몸길이: 35센티미터
사는 곳: 전 세계

유럽고슴도치 164쪽
학명: 에리나케우스 에우로파이우스 Erinaceus europaeus
분류: 포유류
몸길이(꼬리 제외): 30센티미터
사는 곳: 유럽

목걸이불가사리 166쪽
학명: 프로미아 모닐리스 Fromia monilis
분류: 무척추동물
몸길이: 30센티미터
사는 곳: 인도양, 태평양

아홀로틀 168쪽
학명: 암뷔스토마 멕시카눔 Ambystoma mexicanum
분류: 양서류
몸길이: 30센티미터
사는 곳: 멕시코

자바늘보로리스 170쪽
학명: 뉘크티케부스 야바니쿠스 Nycticebus javanicus
분류: 포유류
몸길이: 25센티미터
사는 곳: 동남아시아 자바섬

수수두꺼비 172쪽
학명: 리넬라 마리나 Rhinella marina
분류: 양서류
몸길이: 25센티미터
사는 곳: 중앙아메리카, 남아메리카

혜성꼬리나방 174쪽
학명: 아르게마 미트레이 Argema mittrei
분류: 무척추동물
몸길이: 20센티미터
사는 곳: 마다가스카르

별코두더지 176쪽
학명: 콘딜루라 크리스타타 Condylura cristata
분류: 포유류
몸길이: 20센티미터
사는 곳: 북아메리카 동부

보라꼬리요정벌새 178쪽
학명: 아글라이오케르쿠스 코엘레스티스 Aglaiocercus coelestis
분류: 조류(새)
몸길이: 20센티미터
사는 곳: 남아메리카

황제전갈 180쪽
학명: 판디누스 임페라토르 Pandinus imperator
분류: 무척추동물
몸길이: 20센티미터
사는 곳: 서아프리카

공작갯가재 182쪽
학명: 오돈토다크틸루스 스퀼라루스 Odontodactylus scyllarus
분류: 무척추동물
몸길이: 18센티미터
사는 곳: 인도양, 태평양

모르포나비 184쪽
학명: 모르포 펠레이데스 Morpho peleides
분류: 무척추동물
몸길이: 16센티미터
사는 곳: 중앙아메리카, 남아메리카

물총새 186쪽
학명: 알케도 아티스 Alcedo atthis
분류: 조류(새)
몸길이: 16센티미터
사는 곳: 북아프리카, 유럽, 아시아

네온갯민숭달팽이 188쪽
학명: 넴브로타 쿠바뤼아나 Nembrotha kubaryana
분류: 무척추동물
몸길이: 12센티미터
사는 곳: 인도양, 태평양

흰동가리 190쪽
학명: 암피프리온 오켈라리스 Amphiprion ocellaris
분류: 어류
몸길이: 11센티미터
사는 곳: 동인도양, 서태평양

남부이주왕잠자리 192쪽
학명: 아이시나 아피니스 Aeshna affinis
분류: 무척추동물
날개폭: 9센티미터
사는 곳: 북아프리카, 남유럽, 아시아

이끼개구리 194쪽
학명: 텔로데르마 코르티칼레 Theloderma corticale
분류: 양서류
몸길이: 9센티미터
사는 곳: 동남아시아

사막메뚜기 196쪽
학명: 스키스토케르카 그레가리아 Schistocerca gregaria
분류: 무척추동물
몸길이: 7센티미터
사는 곳: 아프리카, 아시아

게마투스꽃사마귀 198쪽
학명: 크레오브로테르 게마투스 Creobroter gemmatus
분류: 무척추동물
몸길이: 4센티미터
사는 곳: 인도, 동남아시아

대서양습지농게 200쪽
학명: 우카 푸그낙스 Uca pugnax
분류: 무척추동물
껍데기 너비: 2.3센티미터
사는 곳: 북아메리카 동부

대형초록쇠똥구리 202쪽
학명: 가레타 니텐스 Garreta nitens
분류: 무척추동물
몸길이: 1.8센티미터
사는 곳: 아프리카

잎꾼개미 204쪽
학명: 아타 케팔로테스 Atta cephalotes
분류: 무척추동물
일개미 몸길이: 1.4센티미터
사는 곳: 중앙아메리카, 남아메리카

가시벌레 206쪽
학명: 움보니아 크라시코르니스 Umbonia crassicornis
분류: 무척추동물
몸길이: 1센티미터
사는 곳: 북아메리카, 중앙아메리카, 남아메리카

뻐꾸기말벌 208쪽
학명: 홀로퓌가 게네로사 Holopyga generosa
분류: 무척추동물
몸길이: 0.7센티미터
사는 곳: 유럽

해안공작거미 210쪽
학명: 마라투스 스페키오수스 Maratus speciosus
분류: 무척추동물
몸길이: 0.4센티미터
사는 곳: 오스트레일리아

100가지 사진으로 보는
동물의 신비

1판 1쇄 발행 2023년 12월 25일
지은이 벤 호어
그린이 다니엘 롱, 안젤라 리자, 다니엘라 테라치니
옮긴이 김미선
감수 이정모

펴낸곳 (주)도서출판 책과함께
주소 서울시 마포구 동교로 70 소와소빌딩 2층
전화 02-335-1982 **팩스** 02-335-1316
전자우편 prpub@daum.net
블로그 blog.naver.com/prpub
등록 2003년 4월 3일 제2003-000392호
ISBN 979-11-92913-26-1 73490
ISBN 979-11-92913-27-8 (세트)

이 책의 한국어판 저작권은 영국 'Dorling Kindersley'와의 독점 계약으로 '(주)도서출판 책과함께'가 소유합니다. 저작권법에 의하여 한국 내에서 보호를 받는 저작물이므로 무단 전재 및 복제를 금합니다.

An Anthology Of Intriguing Animals
First published in Great Britain in 2018 by
Dorling Kindersley Limited
DK, One Embassy Gardens, 8 Viaduct Gardens,
London, SW11 7BW

Copyright © Dorling Kindersley Limited, 2018
A Penguin Random House Company
All rights reserved.
Korean Translation copyright ©CUM LIBRO, 2023

Printed and bound in China

www.dk.com

지은이 **벤 호어**
벤 호어는 아주 어렸을 때부터 야생에 푹 빠져 살았어요. 그는 《BBC 와일드라이프》지의 편집장이며, DK 북스의 편집자이자 작가·자문 위원으로 활약했습니다. 그의 두 딸이 이번 책을 검토하는 데 도움을 주었어요.

그린이 **다니엘 롱**
다니엘 롱은 어렸을 때 야생 동물에 푹 빠져 살았습니다. 지금도 주로 자연의 세계에 영향을 받은 그림을 계속 그리고 있지요. 쥐라기의 공룡이든 아마존 열대 우림에 사는 거미원숭이, 재규어 또는 그가 사는 곳 근처 국립 공원의 물총새와 수달이든 가리지 않아요.

그린이 **안젤라 리자**
안젤라 리자는 집 주변의 야생 동물과 어린 시절 가장 좋아하던 이야기에서 영감을 받습니다. 어린이 책을 작업할 때에는 내면의 아이가 좋아할 이미지를 떠올리고, 독자들의 관심을 사로잡을 내용과 색상을 마음껏 넣어 수준 높은 그림을 그립니다.

그린이 **다니엘라 테라치니**
다니엘라 테라치니는 밀라노에서 미술을, 런던에서 사진을 공부했습니다. 일러스트레이터로 경력을 시작한 뒤 다양한 분야에서 폭넓게 활동하며 매우 도전적인 그림책 작업을 하고 있습니다.

옮긴이 **김미선**
중앙대학교 사학과 졸업 후 미국 마켓 대학교에서 커뮤니케이션으로 석사 학위를 받았습니다. 현재 어린이·청소년 출판 기획 및 번역을 하고 있습니다. 옮긴 책으로 《아홉 살에 처음 만나는 별자리》, 《어린이를 위한 세계사 상식 500》, 《어쩌다 고고학자들》 등이 있습니다.

감수 **이정모**
서대문자연사박물관, 서울시립과학관, 국립과천과학관에서 관장으로 재직했고, 2019년 과학 대중화에 기여한 공로로 과학기술훈장 진보장을 받았습니다. 《과학관으로 온 엉뚱한 질문들》 등 여러 도서를 썼으며, 《모두를 위한 물리학》 등 많은 도서를 번역했습니다.

일러두기

이 책의 용어들은 대체로 〈표준국어대사전〉을 따랐고, 〈두산백과사전〉, 국립해양생물자원관, 생물다양성 스마트스쿨, 해양수산부 공식블로그 등을 참조했습니다. 이 책의 일부 서술은 한국 독자의 이해를 돕고 과학적 사실에 부합하기 위해 원서의 내용을 약간 수정한 것임을 밝힙니다.

사진 출처

사진 사용을 허락해 주신 분들께 감사 말씀을 드립니다.

The publisher would like to thank the following for their kind permission to reproduce their photographs:
(Key: a-above; b-below/bottom; c-centre; f-far; l-left; r-right; t-top)

4-5 Alamy Stock Photo: WaterFrame. **6-7 Alamy Stock Photo:** Mauritius images GmbH. **8-9 Alamy Stock Photo:** Blickwinkel. **10-11 iStockphoto.com:** 35007. **12-13 Alamy Stock Photo:** Martin Strmiska. **14-15 Robert Harding Picture Library:** James Hager. **16 FLPA:** Tui De Roy / Minden Pictures. **18-19 Dreamstime.com:** Isselee. **20 Dreamstime.com:** Yiu Tung Lee. **22 Alamy Stock Photo:** Matthijs Kuijpers. **26-27 Getty Images:** Stephen Frink. **28 iStockphoto.com:** S. Greg Panosian. **30 Alamy Stock Photo:** RGB Ventures / SuperStock. **33 Fotolia:** Anekoho. **34-35 Alamy Stock Photo:** Stuart Forster. **36 naturepl.com:** Eric Baccega. **38-39 Alamy Stock Photo:** Paulo Oliveira. **40-41 FLPA:** Matthias Breiter / Minden Pictures. **42-43 iStockphoto.com:** Andrea Willmore. **45 Robert Harding Picture Library:** Frans Lanting. **46 Alamy Stock Photo:** Frans Lanting Studio. **48-49 Alamy Stock Photo:** imageBROKER. **50-51 Alamy Stock Photo:** Tierfotoagentur. **53 SuperStock:** Pete Oxford / Minden Pictures. **54-55 Getty Images:** Vittorio Ricci - Italy. **56-57 Alamy Stock Photo:** Life on White. **58-59 Alamy Stock Photo:** Ashley Cooper pics. **62-63 Alamy Stock Photo:** Uwe Skrzypczak. **65 Alamy Stock Photo:** Steve Bloom Images. **66-67 Alamy Stock Photo:** All Canada Photos. **68-69 Alamy Stock Photo:** John Gooday. **70-71 Alamy Stock Photo:** National Geographic Creative. **70 Alamy Stock Photo:** National Geographic Creative (l). **71 Alamy Stock Photo:** National Geographic Creative (tr). **73 Getty Images:** John Conrad. **74-75 Getty Images:** Murray Hayward. **76-77 Alamy Stock Photo:** Dominique Braud / Dembinsky Photo Associates. **78-79 FLPA:** D. Parer &. E. Parer-Cook / Minden Pictures. **80 Getty Images:** Suzi Eszterhas / Minden Pictures. **82-83 Alamy Stock Photo:** Alphotographic. **84 Dorling Kindersley:** Cotswold Wildlife Park (bl, bc, br). **85 Dorling Kindersley:** Cotswold Wildlife Park (bl, br). **86-87 Alamy Stock Photo:** Nobuo Matsumura. **88-89 Alamy Stock Photo:** Life on white. **90-91 Getty Images:** Jeff Foott / Minden Pictures. **92-93 Alamy Stock Photo:** imageBROKER. **94 Alamy Stock Photo:** Miroslav Valasek. **96 123RF.com:** Giedrius Stakauskas (br). **Getty Images:** KeithSzafranski (l). **96-97 Dreamstime.com:** Jan Martin Will / Freezingpictures (b). **97 Dorling Kindersley:** Whipsnade Zoo (bc). **Dreamstime.com:** Inaras (br); Poeticpenguin (bc/Northern Rockhopper Penguin). **98-99 Dorling Kindersley:** Cotswold Wildlife Park. **102-103 naturepl.com:** Jen Guyton. **104-105 Alamy Stock Photo:** Eric Gevaert. **109 Getty Images:** Life On White. **112 Getty Images:** Digital Zoo. **114 Getty Images:** Roland Hemmi (cl). **114-115 Alamy Stock Photo:** Design Pics Inc (t). **117 Alamy Stock Photo:** Westend61 GmbH. **119 Getty Images:** Kevin Schafer. **120-121 123RF.com:** mirco1. **123 Alamy Stock Photo:** Picture Partners. **124 Getty Images:** Dave Fleetham. **127 iStockphoto.com:** Estivillml. **128 Dreamstime.com:** Isselee. **130-131 SuperStock:** Minden Pictures. **132 123RF.com:** Pumidol Leelerdsakulvong. **134 FLPA:** Matthias Breiter / Minden Pictures. **137 123RF.com:** Eric Isselee. **138-139 Getty Images:** Joel Sartore, National Geographic Photo Ark. **142-143 Alamy Stock Photo:** Matthijs Kuijpers. **148-149 Alamy Stock Photo:** All Canada Photos. **150-151 Getty Images:** www.tommaddick.co.uk. **152-153 FLPA:** Michael &, Patricia Fogden / Minden Pictures. **154-155 Alamy Stock Photo:** Robert Wyatt. **156 123RF.com:** Eric Isselee (cla). **Alamy Stock Photo:** Image Quest Marine (tc). **156-157 Dorling Kindersley:** Jerry Young (b). **158 naturepl.com:** Alex Mustard. **160 Andy Morffew. 162-163 Alamy Stock Photo:** Solvin Zankl. **165 Alamy Stock Photo:** Andia. **166 Alamy Stock Photo:** WaterFrame (clb). **166-167 Alamy Stock Photo:** cbimages (c). **167 Alamy Stock Photo:** Reinhard Dirscherl (clb). **Dorling Kindersley:** Linda Pitkin (tr). **iStockphoto.com:** Searsie (tl). **168-169 Alamy Stock Photo:** Life on White. **170 Getty Images:** ***Joel Sartore, National Geographic Photo Ark***. **174-175 Alamy Stock Photo:** RGB Ventures. **176-177 Getty Images:** Visuals Unlimited, Inc. / Ken Catania. **178-179 Andy Morffew. 180-181 Dorling Kindersley:** Jerry Young. **182 naturepl.com:** Georgette Douwma. **184 123RF.com:** Dmytro Gilitukha (clb); Petr Kratochvil (ca). **Alamy Stock Photo:** Papilio (cla). **Dorling Kindersley:** Jerry Young (cb/Close-up, cra). **Getty Images:** Helen E. Grose (ca/Wings open). **iStockphoto.com:** Proxyminder (cl, fclb). **naturepl.com:** Stephen Dalton (fcla, cb, crb, fcrb, cr). **185 123RF.com:** Dmytro Gilitukha (cla); Aleksandrs Jemeljanovs (cla); Vaclav Krizek (cl); Petr Kratochvil (tc). **Dorling Kindersley:** Natural History Museum (c); Jerry Young (c). **iStockphoto.com:** Proxyminder (cra). **naturepl.com:** Stephen Dalton (cra). **187 Dreamstime.com:** Petergyure. **189 Getty Images:** Alex Mustard / Nature Picture Library. **191 Alamy Stock Photo:** Zoonar GmbH. **192-193 Getty Images:** Jelger Herder / Buiten-beeld / Minden Pictures. **194-195 Dorling Kindersley:** Cotswold Wildlife Park. **198-199 Getty Images:** Barcroft Media. **200-201 Alamy Stock Photo:** Joel Sartore. **202-203 FLPA:** Piotr Naskrecki / Minden Pictures. **204 Getty Images:** Tim Flach (tl, tc, ca, cra). **205 Getty Images:** Tim Flach (cl, b). **206-207 Alamy Stock Photo:** Blickwinkel. **208-209 Alamy Stock Photo:** Tomas Rak. **210-211 Alamy Stock Photo:** Photononstop. **212 Alamy Stock Photo:** Reinhard Dirscherl (bc/Starfish); Martin Strmiska (bl); Wildscotphotos (ca). **Dreamstime.com:** Musat Christian (ca/Beaver); Mikhail Blajenov / Starper (cl); Petergyure (cl/Kingfisher); Eric Isselee (c); Yiu Tung Lee (br). **Fotolia:** uwimages (cra). **Getty Images:** www.tommaddick.co.uk (c). **naturepl.com:** Jen Guyton (cra). **213 Alamy Stock Photo:** Arco Images GmbH (bl); Life on White (cra, c); Nobuo Matsumura (cb/Octopus). **Dorling Kindersley:** Cotswold Wildlife Park (cb/Frog); Twan Leenders (cb); Jerry Young (crb, clb, cb/Scorpion). **Dreamstime.com:** Isselee (cr); Iakov Filimonov / Jackf (tl); Javarman (tc). **Getty Images:** Joel Sartore, National Geographic Photo Ark (cl); Joel Sartore (bc). **Cover images:** Front: **Alamy Stock Photo:** Reinhard Dirscherl cb, Ed Brown Wildlife bl, Marco Uliana ca. **Dorling Kindersley:** Jerry Young cl; **Dreamstime.com:** Petergyure tl, Svetlana Larina / Blair_witch cra; **Fotolia:** Eric Isselee clb; **Getty Images:** Juan Carlos Vindas br; Andy Morffew: cr; **Photolibrary:** Photodisc / White cla

All other images © Dorling Kindersley. For further information see: www.dkimages.com